JN059545

CORPORATION TAX ACT

法人税法入門講義

第8版

金子友裕 著
Kaneko Tomohiro

中央経済社

第8版　はしがき

　令和 5 年10月からインボイス制度の導入，及び，令和 6 年 1 月から改正された電子帳簿保存制度の適用が始まるといういわゆる二大改正により，経理実務は相当な負担が強いられているように思われる。新たな制度の適用というだけでなく，電子帳簿保存制度における要件の緩和等もあり，どこまで対応すべきかという点でも対応が悩ましいものとなっているようである。

　このような導入時の混乱も生じているが，税法における帳簿のあり方について大きな転換のタイミングとなる可能性もあり，後で振り返るとこの二大改正を起因とする変化が観察されるようになる可能性も少なからずあるものと思われる。単に経理実務の負担増加という点だけでなく，この二大改正を境に帳簿等にどのような変化をもたらすか（例えば，記帳のデジタル化はどの程度進むか等）を見守る必要があると思われる。

　新型コロナウイルスの影響こそ相当縮小したように思われるが，賃金の上昇を伴う景気の改善には至っていない。ウクライナ戦争やガザ地区の問題等もあり，国際的な問題の経済に与える影響にも配慮する必要がある。また，いわゆるゼロゼロ融資の返済問題が顕現化する等の災害後の影響も残っている状況であり，もう少し厳しい状況が続くものとして備えておく方が無難であろう。

　このような状況を踏まえ，本書を通じて学習する人には，税務や会計のスキルの向上を図って欲しく，また，スキルの向上を客観的な成果（法人税法能力検定や税理士試験等）につなげて欲しいと思う（法人税法能力検定や税理士試験については「さらに学習する人へ」を参照してもらいたい）。

　ちなみに，税理士試験は，令和 5 年度（73回）から簿記論と財務諸表論は受験資格の制限がなくなり誰でも受験可能という改正が行われている。簿記論と財務諸表論の受験者は前年比で 2 ～ 3 割増加したようであり，チャレンジしやすい環境となったことをうまく利用してもらいたい（Column 9 参照）。

　また，全国経理教育協会の税法検定（法人税法能力検定等）は，令和 4 年度（109回以降）から改正が行われている。試験の実施時期や出題内容の見直しをするこ

とで，検定として充実を図っているようである。3級及び2級は出題内容として
は大きな変更はないようであるが，多くはないが従来出題されていなかった項目
の出題も行われている。そして，出題形式については，従来計算過程欄等も解答
用紙に含まれ数頁（8頁程度）にわたるものであったが，解答に必要な部分のみ
解答用紙に記載させる方法に変更になり4頁程度にまとめられている。解答に要
求されている内容に変更はないが，形式の変更にも注意して欲しい。

　この改正後に出題された内容も，2級までの内容は本書でカバーされた内容に
なっており，今回の改訂でも，出題区分表等に照らし2級までの内容は本書で説
明するようにしている。なお，税法検定の改正の直後であり，変更の全体像が十
分に把握できない。いわば制度変更の過渡期のようなものであり，出題範囲が不
明確になっている印象がある。本書は，2級の内容を網羅し，1級の範囲の内容
であっても重要なものはAdvance等で追加の説明をするようにしてきた。今後は
Advanceに記載している内容も2級での出題が考えられるかもしれないので，本
文の内容の学習が済んだらAdvanceの内容もよく確認して欲しい。

　ちなみに，1級については，大きな変更になっているようである。これまで10
月と2月に実施していたものを，5月と10月の実施に変更し，試験の内容も大幅
に変更されている。全国経理教育協会のホームページ等によると，1級は税理士
試験等へのアプローチとしても有用な検定となるように意識がされているようで
ある。変更後の1級は難易度が上がっているが，税理士試験を受験する前に実力
を確認する等の利用も考えられるものと思われる。

　なお，税法検定の変更に関する情報は，全国経理教育協会のホームページで確
認してもらいたい。

＊　＊　＊

　第8版においても，改正項目等の追加や表現や説明方法の改善を行い，これま
での改訂と同様にTraining等で利用している全国経理教育協会の法人税法能力検
定の過去問題の再検討し，新たな問題への差替えを行い，学習成果を検定等で確
認できる環境を維持するようにした。

　これまでの「はしがき」でも記載したように，税制に関する書籍の宿命と考え
ているが，陳腐化が早く，適時にアップデートを行うことが必要であり，著者泣
かせの分野であることを痛感している。また，時代的に書籍での出版が難しく

なっている環境にあることも別の意味で著者にとって厳しい現実である。

　このような厳しい環境の中での改訂であり，年度毎の改訂に理解を頂いていることにつき中央経済社に感謝したい。さらに，今回の改訂も中央経済社の田邉一正氏にご協力頂いた。改めて御礼申し上げたい。

　また，今回も税理士の金子美和先生に校正をお願いした。御礼申し上げたい。

令和5年12月

金子友裕

法人税法 スタディ・ガイド

◆ "計算と理論の同時学習" がキーポイント！

　法人税法の学習においては，計算と理論という2つの重要な視点がある。

　法人税は，法人税法という法律に基づき課税されるものであり，法人税法の条文に基づいた理論がある。そして，法人税は法人の所得に対し課税するものであり，法人の所得は企業会計の利益を調整して計算する方法を採用しているため，企業会計を考慮する必要がある。この特徴から，法人税法の学習は税務会計という分野で表されることもある。このように，法人税法の学習においては，企業会計の理論と法人税法の理論やこれらの差異から生じる調整に関する学習が重要となる。

　また，法人税法では，所得を得た法人が自分で申告・納付を行うという申告納税方式を採用している。このため，上記の理論の学習に加え，課税所得の計算（別表四）や納付する法人税額の計算（別表一）の作成を行う必要があり，計算の学習が必要となる。

　しかし，実際には，税法に関する制度の説明等に終始する書籍が多く，計算も同時に学習することができる教材は多くない。また，税法関係の書籍としてはいわゆる実務書が多く，実践的で有用な書籍も多いが，初学者が理解するには難解なものが多い。本書『法人税法入門講義』では，これらの計算と理論のバランスに配慮した。法人税法の学習においては，計算と理論を同時に学習することが重要であるので，法人税の課税所得計算を行う別表の作成等について設例やTrainingを通じて実際にトレーニングしつつ，その処理の背後にある理論を学習してもらいたいと考えている。

◆学習のメリット──企業の実務に直結，また国家資格取得のファーストステップ！

　法人税法の課税所得計算に関する取扱いは，損金経理のように企業会計における処理を前提とするものがあり，逆基準性との批判もあるが，経理の実務に大き

な影響を与えていることは間違いない。特に，中小企業では，法人税法の処理が実務上の経理処理となっている場合も少なくない。このため，法人税法の学習成果は，経理等の業務において実践的に活用することが期待される。

　また，税法の学習の成果としては，国家資格として税理士があり，学習者の中には税理士取得を目標とする人も少なくない。本書をきっかけに，将来的に多くの税理士が生まれてくることを期待したい。

　しかしながら，税理士試験の難易度は高く，取得できれば専門家であることが社会的に認められる反面，取得までは相当の努力も必要である。そこで法人税法等の学習成果は，全国経理教育協会が実施する法人税法能力検定でも確かめることができる。法人税法能力検定は，税理士試験の法人税法と同様の範囲の試験で，出題方法等において配慮がされている（算式が示された上で，一定の空欄に数字等を記入する等）ため，初学者が，本書で学習した内容を確認するためにチャレンジするのには適したものである。

◆本書の特徴と活用法

　本書では，計算と理論のバランスを配慮した上で，初学者が学習成果として法人税法能力検定2級までは取得できるような難易度としている。その上で，さらに学習する人向けにAdvanceとして1級や税理士試験の内容も含めている。

　計算については，各章に設例を設けて説明を行っている。これらを参照し，章末のTrainingの計算問題で各自練習してもらいたい。なお，章末のTrainingでは，全国経理教育協会にご了解をいただき，基本的に法人税法能力検定の過去問をそのまま掲載している。各内容に合致させるため，当期利益の数値を追加している等の作問上の修正はあるが，基本的に数値まで同一のものとし，いつの過去問であるかも記してある。なお，本書の章末のTrainingの解答用紙は，中央経済社ホームページ（https://www.chuokeizai.co.jp）の本書掲載欄よりダウンロードできるので，くりかえし練習してもらいたい。

　また，理論としては，各制度の取扱いの説明に加え，各制度の趣旨等も記載している。また本文において，関連する条文番号を記してある。実務的に知識を利用する場合，似ているようで異なる取引についての法人税法の取扱いを判断するときに，法律や政令等がどのように規定しているのかを確認することが必要な場

合もある。初学者に向けた本書では，条文の中でも特に重要なものは，紙幅を割いて掲載している。条文を読んだことがない，または，慣れていない人は，掲載した条文を通じ，法人税法の取扱いがどのように規定されているかだけでも感じてもらいたい。

なお，理論学習の復習として，Trainingに穴埋め形式の文章問題を用意してある。これも，基本的に法人税法能力検定の過去問を掲載しており，用語や手続き等について問題練習を通じて確認してもらいたい。なお，税理士試験の法人税法の理論問題は，記述形式であり，近年では単なる条文の記述だけでなく，事例形式の出題等を通じて理論的な理解を問う出題となっている。税理士試験にチャレンジする人は，Trainingで内容を復習した後で，本文の内容やAdvance等の内容もしっかり整理してもらいたい。

本書では，これらの追加的な学習のヒントとして，Trainingの最後に"考えてみよう"を設けて，検討する素材を示している。基本的な論点であるので，各自検討してもらいたい。

さらに，計算と理論に両方に影響する項目として，会計学の考え方と法人税法の考え方の差異がある。本書では，Key Pointとして，企業会計と法人税法の差異について説明を行っている。どのような考え方の差異があるか，そして，この差異によりどのような調整が必要になるかを確認してもらいたい。

なお，本書では，初学者でも理解しやすくなるように，Referenceにおいて用語の解説等を行っている他，図や表を多く掲載し視覚的に理解しやすいように工夫した。これらの工夫が読者の理解の一助となればと考えている。

ちなみに，本書では，概要の説明（第1章～第3章）に続き，交際費等のその期間の費用や収益の取扱い（第4章～第8章）とし，その後に減価償却資産等の前後の期間との関係を考慮する必要のある項目（資産や負債等に関する項目，第9章～第15章）という順番にしている。

交際費等の項目（第4章～第8章）では，企業会計では費用処理されていることが前提として，税務調整をする項目が多く，法人税法上の取扱いのみを意識して学習することができる。これに対し，減価償却資産等の項目（第9章～第15章）では，企業会計において資産計上した金額や当期の費用とした金額を理解した上

で，法人税法上の取扱いを理解し，その差異として税務調整を行う必要がある。これには，減価償却超過額のように過去の税務調整項目の取扱いも考慮する必要があり，慣れない人には若干難しく感じられるものと思われる。このため，本書では，資産や負債等に関する項目を後半とする順番にし，比較的理解しやすい項目から徐々に税務調整を理解できるような流れとしている。また，資産や負債等の項目には，Key Pointを多く示し，企業会計と法人税法の差異を丁寧に解説している。

目　　次

〔凡 例〕

法法‥‥‥‥法人税法

法令‥‥‥‥法人税法施行令

法規‥‥‥‥法人税法施行規則

法基通‥‥‥法人税基本通達

所法‥‥‥‥所得税法

所令‥‥‥‥所得税法施行令

所規‥‥‥‥所得税法施行規則

措法‥‥‥‥租税特別措置法

措令‥‥‥‥租税特別措置法施行令

措規‥‥‥‥租税特別措置法施行規則

措通‥‥‥‥租税特別措置法関係通達（法人税編）

耐令‥‥‥‥減価償却資産の耐用年数等に関する省令

耐通‥‥‥‥耐用年数の適用等に関する取扱通達

通法‥‥‥‥国税通則法

（引用例）

法法34①二‥‥‥‥‥‥‥法人税法第34条第1項第2号

法基通2‐1‐1‥‥‥‥法人税基本通達2‐1‐1

（注）本書は，令和5年12月31日現在の法令通達によっている。

第1章

法人税法の基礎的事項

1 法人税の性格

　日本では，個人の所得に対し所得税が課され，法人の所得に対し法人税が課される。法律的にみると，所得税は所得税法で規定し，法人税は法人税法で規定し，個人と法人で異なる法律で定められている。

　法人税課税の考え方には，一般的に，**法人擬制説**（法人は株主の集合体であり，法人税は株主に対する所得税の前取りとする考え方）と**法人実在説**（法人は株主とは別個の独立した課税主体であり，株主に対する課税と無関係に法人税を課すとする考え方）とがあると言われる。

　現行制度は，個人と法人で同じ所得に対する課税でありながら別の法律で定めているように，基本的には法人擬制説の立場に立っていると考えられる部分もあるが，複雑な要素があり，すべてが法人擬制説で説明できるものではない。例えば，受取配当等の益金不算入が設けられているという点では法人擬制説になじむが，この受取配当等の益金不算入に制限が設けられている点では，法人実在説を用いた説明がなじむ部分も生じている。

2 法人税の種類

法法5, 7　　　　現行の法人税法では，①各事業年度の所得に対する法人税，②退職年金等積立金に対する法人税が課される。

　　なお，退職年金等積立金に対する法人税については，平成11年４月１日に開始する各事業年度から，課税が停止されている。

Reference　グローバル・ミニマム課税の新設

　令和５年度税制改正により，特定多国籍企業グループ等に属する内国法人に対して，各対象会計年度の国際最低課税額について，各対象会計年度の国際最低課税額に対する法人税が課されることになるグローバル・ミニマム課税が新設された（法法６の２）。

　これは，2021年10月にOECD/G20の「BEPS包摂的枠組み」において合意されたグローバル・ミニマム課税へ対応するため，我が国でも導入されたものであり，グループの全世界での年間総収入金額が７億5,000万ユーロ以上の多国籍企業グループを対象にしている。グローバル・ミニマム課税は，実質ベースの所得除外額を除く所得について国ごとに基準税率15%以上の課税を確保する目的で，子会社等の所在する軽課税国での税負担が基準税率15%に至るまで，日本に所在する親会社等に対して上乗せ（トップアップ）課税を行う制度である。

　なお，グローバル・ミニマム課税は，内国法人の令和６年４月１日以後に開始する対象会計年度から適用されることになっている。

Advance　法人課税信託

　上記の他に，法人課税信託の受託者は，各法人課税信託の信託資産等及び固有資産等ごとにそれぞれ別の者とみなして法人税が課される（法法４の２）。

3　法人税の納税義務者と納税地

(1)　納税義務者

　法人税法では，法人を次のように区分し，それぞれ次のような法人税の納税義務を課している。

法人の区分と納税義務

<table>
<tr><th colspan="2">法人の区分</th><th>納税義務</th></tr>
<tr><td rowspan="5">内国法人</td><td>公共法人（地方公共団体，日本放送協会，等）</td><td>納税義務なし</td></tr>
<tr><td>公益法人等（公益社団法人，公益財団法人，社会福祉法人，等）</td><td>収益事業から生じた各事業年度の所得に課税</td></tr>
<tr><td>人格のない社団等（PTA，同窓会，等）</td><td rowspan="3">各事業年度の所得のすべてに課税</td></tr>
<tr><td>協同組合等（農業協同組合，消費生活協同組合，等）</td></tr>
<tr><td>普通法人（株式会社，合名会社，等）</td></tr>
<tr><td rowspan="2">外国法人</td><td>人格のない社団等</td><td>国内源泉所得のうち収益事業から生じた各事業年度の所得に課税</td></tr>
<tr><td>普通法人</td><td>各事業年度の国内源泉所得に課税</td></tr>
</table>

＊人格のない社団等とは，法人でない社団又は財団で代表者又は管理人の定めがあるものをいう（法法2八）。

(2)　納税地

　納税地とは，単に法人税を納付等する場所をいうのではなく，申告，申請，請求，届出等の法人が法人税法に基づく義務や権利を行使する場合の処理を行う場所をいう。法人税法では納税地を次のように定めている。　　　法法16，17

◉重要条文【法人税法2条】
三　内国法人　国内に本店又は主たる事務所を有する法人をいう。
四　外国法人　内国法人以外の法人をいう。

法人の種類と納税地

種　　類	納　税　地
内国法人	本店又は主たる事務所の所在地
外国法人	国内の事務所等の所在地

法法18　　届出をした納税地が不適当と認められるときは，所轄国税局長（一定の場合には，国税庁長官）は納税地の指定をすることができ，指定をした場合には書面によりその旨を通知することとされている。

法法20　　また，法人は，その法人税の納税地に異動があった場合には，その異動前の納税地の所轄税務署長にその旨を届け出なければならない。

4　事業年度

法法13①　　法人税法における**事業年度**とは，法令又は法人の定款等に定める会計期間をいう。ただし，会計期間が1年を超える場合は，その期間をその開始の日以後1年ごとに区分した各期間（最後に1年未満の期間を生じたときは，その1年未満の期間）となる。

つまり，法人税法における事業年度は，会計期間について法令で定めのある法人はこれに従い，法令で定めがない場合には定款等に記載することで法人が自由に選択できる。ただし，課税の公平や財政の安定の観点から，1年を超える事業年度は認めず，1年を超える会計期間を定めた場合には，1年を超えない複数の事業年度に区分される。

法法13②③④　　なお，法令又は定款等に会計期間の定めがない場合には，納税地の所轄税務署長に届出をすることとされており，この届出がされない場合には納税地の所轄税務署長が指定する。また，人格のない社団等が会計期間の届出をしない場合には，1月1日から12月31日までの期間を会計期間とする。

　また，法人が事業年度の中途で解散，合併等をした場合には，その前後で事業年度を区切るとしており，区切ったそれぞれの期間が事業年度となる。

法法14

　そして，法人は定款等に新たに会計期間を定めた場合や会計期間を変更した場合には，遅滞なく，税務署長に届出をしなければならない。

法法15

5　申告書の提出と法人税の納付

(1)　中間申告書と確定申告書の提出

　税額の確定手続きには，納税者が申告によって確定する**申告納税方式**と税務官庁が一定の課税手続きを取ることによって確定させる**賦課課税方式**の2つがある。法人税法は，納税者の申告により税額を確定させる申告納税方式を採用している。

　法人税法は，各事業年度終了の日の翌日から2月以内に，税務署長に対し，確定した決算に基づき法人税の額等を記載した確定申告書を提出しなければならない。このように，法人税は確定した決算に基づき申告書の提出を求めており，**確定決算主義**によっている。

法法74

　確定申告書の提出期限について，災害その他やむを得ない理由により決算が確定しない場合等においては，納税地の所轄税務署長は，その内国法人の申請に基づき，期日を指定してその提出期限を延長することができる。また，会計監査人の監査を受けなければならないこと等により決算が確定しないため，提出期限までに提出することができない常況にあると認められる場合は，納税地の所轄税務署長は，その内国法人の申請に基づき，申告書の提出期限を1月間延長することができる。

法法75

法法75の2

　なお，定款等の定めにより会計監査人の監査を受けなければならないため，決算期末から3月以内に決算定時総会が招集さ

れない常況にあると認められる場合は，申告書の提出期限を最長4月間延長することができる。

法法71　また，その事業年度が6月を超える場合には，その事業年度開始の日以後6月を経過した日から2月以内に，税務署長に対し，中間申告書を提出しなければならない。ただし，予定申告税額が10万円以下である場合又はその金額がない場合は，中間申告書の提出を要しない。

4月1日から3月31日までの事業年度の中間申告書及び確定申告書の提出

> **Reference**　**特定法人のe-Tax義務化**
>
> 「電子情報処理組織による申告の特例」として，資本金の額又は出資金の額が1億円を超える法人等の法人税，地方法人税，消費税及び地方消費税の申告書の提出については，電子情報処理組織（e-Tax）を使用する方法によることとされている（法法75の4）。
>
> ここで，e-Taxとは，国税の関する各種の手続きについて，インターネット等を通じて電子的に手続きが行えるシステムと説明されている。

(2)　法人税額の納付又は還付

法法76，77　中間申告書や確定申告書を提出した内国法人は，申告書の提出期限までに納付すべき税額がある場合には，その金額に相当する法人税を国に納付しなければならない。

法法78，79　なお，所得税額等の控除税額が法人税額を上回った場合には，超える部分の金額に相当する税額が還付される。

6　青色申告

(1)　概　要

　帳簿書類を基礎とした正確な申告を奨励するため，複式簿記の原則に従った帳簿書類を作成し，保存することについて納税地の所轄税務署長の承認を受けることで，確定申告書等を青色の申告書により提出することができるという制度があり，**青色申告制度**と呼ばれる。なお，青色申告でない場合は，申告書の用紙の色から**白色申告**と呼ばれる。

法法121①，法規52〜60

(2)　承認の手続き等

　青色申告の承認を受けようとする場合は，その事業年度開始の日の前日までに，一定の事項を記載した申請書を納税地の所轄税務署長に提出しなければならない。ただし，その事業年度がその法人の設立の日の属する事業年度に該当するときは，設立の日以後3月を経過した日とその事業年度終了の日とのうちいずれか早い日の前日を提出期限とする。

法法122

　税務署長は，この申請書の提出があった場合に，不実の記載又は記録があると認められる等のときには，その申請を却下することができる。なお，その青色申告をしようとする事業年度終了の日（その事業年度について中間申告書を提出すべき法人についてはその事業年度開始の日以後6月を経過する日）までにその申請につき，承認又は却下の処分がなかったときは，その日においてその承認があったものとみなされる。

法法123

法法125

　また，青色申告の承認を受けている内国法人が，その事業年

法法128

◉重要条文【法人税法施行規則53条】
　法第121条第1項（青色申告）の承認を受けている法人（以下この章において「青色申告法人」という。）は，その資産，負債及び資本に影響を及ぼす一切の取引につき，複式簿記の原則に従い，整然と，かつ，明りょうに記録し，その記録に基づいて決算を行なわなければならない。

度以後の各事業年度の申告書を青色申告書により提出すること
をやめようとするときは，その事業年度終了の日の翌日から2
月以内に所定の届出書を納税地の所轄税務署長に提出しなけれ

法法126②，127

ばならない。なお，納税地の所轄税務署長は，必要があると認
めるときは，帳簿書類について必要な指示をすることができ，
帳簿書類の備付けがされない場合や真実性を疑うに足りる相当
の理由がある場合には，青色申告の承認の取消しを行うことが
できる。

⑶　特　典

法法130，131，
通法75④

　青色申告の場合は，次のような課税所得や法人税額の計算上
の特典を受けることができるとともに，帳簿書類の調査に基づ
かない更正の禁止，更正を行った場合の更正通知書への理由付
記，推計による更正又は決定の禁止，更正の処分に不服がある
時の直接審査請求という手続き上の特典がある。

青色申告における特典

- ●欠損金の繰越控除・繰戻還付（法法57，80）
- ●帳簿書類の調査に基づく更正，更正通知書への理由付記（法法130）
- ●推計による更正又は決定の禁止（法法131）
- ●特別償却，法人税額の特別控除（措法42の4等）
- ●準備金の積立額の損金算入（措法55等）
- ●所得の特別控除（措法59等）
- ●その他の特例（措法66の10等）
- ●中小企業者等の少額減価償却資産の取得価額の損金算入（措法67の5）

Training

1-1◆文章問題

次の各文章の空欄に適切な語句を記入しなさい。

1．内国法人とは，国内に　ア　又は主たる事務所を有する法人をいい，　イ　とは内国法人以外の法人をいう。（2級103回1-5，101回1-5）

2．人格のない社団等とは，法人でない社団又は　ウ　で代表者又は　エ　の定めがあるものをいう。（2級99回1-5）

3．内国法人である公益法人等又は人格のない社団等の各事業年度の所得のうち　オ　から生じた所得以外の所得については，各事業年度の所得に対する法人税を課さない。（2級110回1-4）

4．　カ　とは，販売業，製造業その他一定の事業で，継続して事業場を設けて行われるものをいう。（2級111回1-1）

5．確定申告書を提出すべき内国法人が，定款等の定めにより，又はその内国法人に特別の事情があることにより，その事業年度以後の各事業年度終了の日の翌日から2月以内にその各事業年度の決算についての　キ　が招集されない常況にあると認められる場合には，納税地の所轄税務署長は，その内国法人の申請に基づき，その事業年度以後の各事業年度のその申告書の提出期限を　ク　することができる。（2級111回1-5）

6．青色申告の承認を受けようとする内国法人は，その事業年度　ケ　の日の前日までに，所定の事項を記載した申請書を納税地の所轄　コ　に提出しなければならない。
　　ただし，その事業年度がその法人の　サ　の日の属する事業年度に該当するときは，　サ　日以後3月を経過した日とその事業年度　シ　とのうちいずれか早い日の前日を提出期限とする。（2級105回1-2，99回1-2）

7．税務署長は，青色申告の承認の申請書の提出があった場合において，その申請につき承認又は却下の処分をするときは，その申請をした内国法人に対し，　ス　によりその旨を通知する。青色申告の承認の申請書の提出があった場合において，その青色申告をしようとする事業年度　セ　（その事業年度について中間申告書を提出すべき法人については，その事業年度開始の日以後　ソ　を経過する日）までにその申請につき，承認又は却下の処分がなかったときは，その日においてその承認があったものとみなす。（2級107回1-3，103回1-3）

8．青色申告の承認を受けている内国法人は，一定の　タ　を備え付けてこれにその
取引を記録し，かつ，その　タ　を保存しなければならない。また，青色申告の承
認を受けている法人は，その資産，負債及び資本に影響を及ぼす一切の取引につき，
　チ　の原則に従い，整然と，かつ，明りょうに記録し，その記録に基づいて
　ツ　を行なわなければならない。（2級110回1-1）

9．青色申告の承認を受けている内国法人は，その事業年度以後の各事業年度の申告書
を青色の申告書により提出することをやめようとするときは，その事業年度終了の日
の翌日から　テ　以内に所定の届出書を納税地の所轄　ト　に提出しなければなら
ない。（2級104回1-2，98回1-4）

10．内国法人は，各事業年度終了の日の翌日から　ナ　以内に，税務署長に対し，確
定した決算に基づき法人税の額等を記載した　ニ　を提出しなければならない。（2
級97回1-2，94回1-2）

11．内国法人である普通法人（清算中のものにあっては，通算子法人に限る。）は，そ
の事業年度が　ヌ　を超える場合には，その事業年度開始の日以後　ヌ　を経過し
た日から2月以内に，税務署長に対し，中間納付額等を記載した中間申告書を提出し
なければならない。

ただし，中間納付額が　ネ　以下である場合又はその金額がない場合は，中間申
告書の提出を要しない。（2級108回1-2，102回1-2）

12．公益法人等又は人格のない社団等は，　ノ　を行う場合等に限り法人税を納める
義務を負う。また，　ハ　は，法人税を納める義務がない。（2級108回1-5）

（解答欄）

ア		イ		ウ		エ	
オ		カ		キ		ク	
ケ		コ		サ		シ	
ス		セ		ソ		タ	
チ		ツ		テ		ト	
ナ		ニ		ヌ		ネ	
ノ		ハ					

考えてみよう

青色申告制度の特典について整理し，青色申告制度の趣旨について考察しなさい。

第2章

所得金額と法人税額の計算

1　トライアングル体制と三重構造

　企業に対する会計制度の法規制としては，金融商品取引法，会社法，法人税法の3つがあり，企業会計では，相互補完的な関係にあるとして**トライアングル体制**と呼ばれることがある。これに対し，法人税課税の観点からは，企業所得の計算の基底に企業会計（企業会計原則や企業会計基準等に基づく金融商品取引法会計）があり，それを基礎として会社法の会計規定があり，その上に法人税法の課税所得計算があるという三重構造として説明される。

　このような説明の背景には，法人税法では，会社法の手続きにより株主総会で確定した決算に基づき，法人税の申告を行うとする確定決算主義が採用されていることがある。つまり，決算で確定した会社法上の利益の金額を基礎として，これに税務調整を加え，法人税法上の所得金額を計算する。そして，法人税法では，法人税法独自の規定により処理を定めたもの以外の白地部分には，一般に公正妥当と認められる会計処理の基準に従って計算するとしており，これは**公正処理基準**と呼ばれる。

法法74①

法法22④

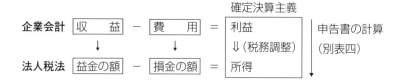

2　法人税の課税標準と所得の概念

法法21，22①

　　税法では，課税の対象となるものを課税物件（地方税法では，課税客体）と呼び，課税物件を金額化・数量化したものを課税標準と呼ぶ。法人税の課税物件は法人の所得であり，法人税の**課税標準**は法人の各事業年度の所得の金額である。そして，各事業年度の所得の金額は，その事業年度の益金の額からその事業年度の損金の額を控除した金額である。

　　ここで，所得の概念には，**制限的所得概念**（反復的・継続的利得のみとする考え方）と**包括的所得概念**（一時的・偶発的・恩典的な所得も含むとする考え方）があるとされるが，所得税法や法人税法では，包括的所得概念によっているとされる。包括的所得概念は，**純資産増加説**とも呼ばれる考え方である。

　　しかし，この概念は「真水」のようなもので，実際の所得税法や法人税法における所得は，政策等の考慮の必要もあり，「泥水」のようなものになっている。このため，概念上の所得で説明できる部分とできない部分を区別し，説明できない部分にはどのような理由があるかを理解することが重要である。

⊙重要条文【法人税法22条１項，４項】
1　内国法人の各事業年度の所得の金額は，当該事業年度の益金の額から当該事業年度の損金の額を控除した金額とする。
4　第２項に規定する当該事業年度の収益の額及び前項各号に掲げる額は，別段の定めがあるものを除き，一般に公正妥当と認められる会計処理の基準に従って計算されるものとする。

3　資本等取引

　所得は，簡潔に表記すれば「もうけ」のことである。企業活動の成果の中から「もうけ」を計算するにあたり，「元手」と「もうけ」を区分する必要がある。このため，益金の額や損金の額の計算上，「元手」の増減である資本等取引を除く必要がある。なお，法人税法では，**資本等取引**を，法人の資本金等の額の増加又は減少を生ずる取引並びに法人が行う利益又は剰余金の分配及び残余財産の分配又は引渡しとしている。

法法22⑤

　なお，「元手」の有高については，資本等取引により生じた資本金等の額と過去の所得の留保分である利益積立金額から構成される。

4　法人税法における所得金額の計算

⑴　所得金額の計算（別表四）

　法人税法における所得の金額は，**会社法上の当期純利益**（当期利益）からスタートして計算する。

損益計算書と別表四の関係

損益計算書		別表四（所得金額の計算）		
売上高	×××	当期利益		×××
売上原価	×××	加　算	益金算入	
︙			損金不算入	
		減　算	益金不算入	
			損金算入	
		︙		
当期純利益	×××	所得金額		×××

　別表四では，次期以降に影響のある項目を「**留保**」とし，それ以外を「**社外流出**」とし，それぞれの欄を設けて記載をする

とともに「総額」欄に「留保」と「社外流出」の合計を記載する。「留保」欄は，同族会社の留保金課税の計算の基礎等に利用されるものである。なお，このテキストでは，法人税法能力検定の出題パターンに合わせ「総額」欄のみの表記とする（税理士試験においても総額のみの出題もある）。

(2) 税務調整項目の加算と減算

税務調整項目は，収益・費用と益金の額・損金の額との差異となるので，4つに分類できる。この4分類について当期利益に加算する項目と減算する項目の区別を行うと次のようになる。

税務調整項目の加算と減算

		税務調整項目	例示
加算項目	益金算入	企業会計では収益計上していないが，法人税の課税所得計算では益金の額に算入される項目	売上計上もれ
	損金不算入	企業会計では費用計上したが，法人税の課税所得計算では損金の額に算入されない項目	交際費等の損金不算入
減算項目	益金不算入	企業会計では収益計上したが，法人税の課税所得計算では益金の額に算入されない項目	受取配当等の益金不算入
	損金算入	企業会計では費用計上していないが，法人税の課税所得計算では損金の額に算入される項目	仮払寄附金認定損

(3) 仮計等の区分

別表四では，当期の所得金額が計算の基礎となる項目の計算のため，当期利益に加算項目と減算項目を加減算し仮計を計算する。そして，寄附金の損金不算入額や法人税額から控除される所得税額は，仮計の下で計算する。

なお，別表四では，これらのさらに下にも各調整項目の調整後の所得金額を利用する項目があり，「合計」「差引計」「総計」の区分を設けて，最後に「所得金額」が計算される。ただし「合計」より下の記入項目は多くなく，例えば，法人税法能力

検定2級までの範囲であれば，「差引計」の下では欠損金の当
期控除額の記載を行う程度である。

設例2-1　次の資料により市川株式会社の当期（自令和6年4月1日　至令和7年3月31日）の所得金額を計算しなさい。

(1)　確定した決算による当期利益の額　　　　20,000,000円

(2)　所得金額の計算上税務調整すべき事項

①　損金経理をした中間納付の法人税　　　1,100,000円（損金不算入，加算）

②　損金経理をした中間納付の住民税　　　200,000円（損金不算入，加算）

③　法人税額から控除される所得税額　　　150,000円（損金不算入，加算）

④　受取配当等の益金不算入額　　　　　　200,000円（益金不算入，減算）

⑤　交際費等の損金不算入額　　　　　　　172,800円（損金不算入，加算）

■ 解　答

別表四

区　　　　　分		金　　額
当　　期　　利　　益		20,000,000円
加算	損金経理をした中間納付の法人税	1,100,000
	損金経理をした中間納付の住民税	200,000
	交際費等の損金不算入額	172,800
	小　　　　計	1,472,800
減算	受取配当等の益金不算入額	200,000
	小　　　　計	200,000
仮　　　　　　　計		21,272,800
法人税額から控除される所得税額		150,000
合　計　・　差　引　計　・　総　計		21,422,800
所　　得　　金　　額		21,422,800

■ 解　説

法人税額から控除される所得税額は，仮計の下に記入する。

なお，区分欄の表記は，税法上の定めにより用語が定まっているわけではない。このため，法人税法能力検定では，税法上適切な用語が書かれていれば正答とする取扱いがされている。税理士試験は，採点方法は公表されていないが，同様の取扱いがされているものと思われる。

5　法人税額の計算

(1)　法人税額の計算（別表一）

　別表四で計算された所得金額から，当期に納付すべき法人税額を計算するのが，**別表一**である。

　別表一では，別表四の所得金額からスタートするが，別表一に記載する「所得金額」は，千円未満切捨ての端数処理を行った金額となる。

　そして，この端数処理済みの課税標準である所得金額に，税率を乗ずることで「法人税額」を計算する。「法人税額」から特別控除額を差し引いて同族会社に対する留保金課税の金額等を加算して「法人税額計」を計算する。そして，「法人税額計」から所得税額等の金額を差し引いて「差引所得に対する法人税額」を計算するが，「差引所得に対する法人税額」の記載においても百円未満切捨ての端数処理を行う。なお，税理士試験や法人税法能力検定の解答欄では備考欄等を設け，ここに端数処理の記入をさせることにしているが，実際の別表一では，差引所得に対する法人税額の下2桁が「00」と印刷されるなど，端数処理が確実に行われるような工夫がされている。

　この端数処理された「差引所得に対する法人税額」から中間申告分の法人税額を差し引いて「差引確定法人税額」を計算する。

(2)　税　率

法法66①②，措
法42の3の2

　普通法人に対する各事業年度の所得に対する法人税の税率は，次のようになっている。

普通法人に対する税率

区　　分		税　率
中小法人等	年800万円以下の部分	※　　15%
	年800万円超の部分	23.2%
中小法人等以外の法人		23.2%

※適用除外事業者の税率は19%となる。

設例2-2 次の資料により市川株式会社（資本金額10,000,000円，中小法人等及び中小企業者等（適用除外事業者には該当しない）に該当する）の当期（自令和6年4月1日　至令和7年3月31日）の差引確定法人税額を計算しなさい。

なお，別表四に記載されている所得金額は，21,422,800円であり，控除税額が150,000円，中間申告分の法人税額が1,100,000円ある。

■ **解　答**

別表一

	金　　額	備　　　　考
所得金額	21,422,000円	千円未満切捨て
法人税額	4,313,904	(1)　年800万円以下の所得金額に対する税額 $8,000,000円 \times \dfrac{12月}{12} \times 15\% = 1,200,000円$ (2)　年800万円を超える所得金額に対する税額 $(21,422,000円 - 8,000,000円 \times \dfrac{12月}{12}) \times 23.2\%$ $= 3,113,904円$ (3)　税額計 (1)+(2)=4,313,904円
法人税額計	4,313,904	
控除税額	150,000	
差引所得に対する法人税額	4,163,900	百円未満切捨て
中間申告分の法人税額	1,100,000	
差引確定法人税額	3,063,900	

■ **解　説**

市川株式会社は，中小法人等及び中小企業者等（適用除外事業者には該当しない）に該当するため，年800万円以下の軽減税率の適用がある。

(3)　別表一に記載された法人税額の納付又は還付

法法77

　　確定申告書を提出した内国法人は，その申告書に記載した法人税の額があるときは，その申告書の提出期限までに，その金額に相当する法人税を国に納付しなければならない。

法法78，79

　　なお，確定申告書の提出があった場合において，その申告書に所得税額等の控除不足額の記載があるときは，税務署長は，その申告書を提出した内国法人に対し，その金額に相当する税額を還付する。

所得の金額の計算に関する明細書（簡易様式）

事　業 年　度	： ：	法人名	

別表四（簡易様式）令五・四・一以後終了事業年度分

区　　　　分		総　額 ①	処　　　　分		
			留　保 ②	社　外　流　出 ③	
当 期 利 益 又 は 当 期 欠 損 の 額	1	円	円	配当	
				その他	円
加	損金経理をした法人税及び地方法人税（附帯税を除く）	2				
	損金経理をした道府県民税及び市町村民税	3				
	損 金 経 理 を し た 納 税 充 当 金	4				
	損金経理をした附帯税（利子税を除く）、加算金、延滞金（延納分を除く）及び過怠税	5			その他	
	減 価 償 却 の 償 却 超 過 額	6				
	役 員 給 与 の 損 金 不 算 入 額	7			その他	
	交 際 費 等 の 損 金 不 算 入 額	8			その他	
	通 算 法 人 に 係 る 加 算 額 （別表四付表「5」）	9			外 ※	
		10				
算	小　　　　計	11			外 ※	
減	減 価 償 却 超 過 額 の 当 期 認 容 額	12				
	納 税 充 当 金 か ら 支 出 し た 事 業 税 等 の 金 額	13				
	受 取 配 当 等 の 益 金 不 算 入 額 （別表八（一）「5」）	14			※	
	外 国 子 会 社 か ら 受 け る 剰 余 金 の 配 当等 の 益 金 不 算 入 額（別表八（二）「26」）	15			※	
	受 贈 益 の 益 金 不 算 入 額	16			※	
	適 格 現 物 分 配 に 係 る 益 金 不 算 入 額	17			※	
	法 人 税 等 の 中 間 納 付 額 及 び過 誤 納 に 係 る 還 付 金 額	18				
	所 得 税 額 等 及 び 欠 損 金 の繰 戻 し に よ る 還 付 金 額 等	19			※	
	通 算 法 人 に 係 る 減 算 額 （別表四付表「10」）	20			※	
		21				
算	小　　　　計	22			外 ※	
	仮　　　　計 （1）＋（11）－（22）	23			外 ※	
	対 象 純 支 払 利 子 等 の 損 金 不 算 入 額 （別表十七（二の二）「29」又は「34」）	24			その他	
	超 過 利 子 額 の 損 金 算 入 額 （別表十七（二の三）「10」）	25	△		※	△
	仮　　　　計 （（23）から（25）までの計）	26			外 ※	
	寄 附 金 の 損 金 不 算 入 額 （別表十四（二）「24」又は「40」）	27			その他	
	法 人 税 額 か ら 控 除 さ れ る 所 得 税 額 （別表六（一）「6の③」）	29			その他	
	税 額 控 除 の 対 象 と な る 外 国 法 人 税 の 額 （別表六（二の二）「7」）	30			その他	
	分 配 時 調 整 外 国 税 相 当 額 及 び 外 国 関 係会 社 等 に 係 る 控 除 対 象 所 得 税 額 等 相 当 額 （別表六（五の二）「5の②」）＋（別表十七（三の六）「1」）	31			その他	
	合　　　　計 （26）＋（27）＋（29）＋（30）＋（31）	34			外 ※	
	中 間 申 告 に お け る 繰 戻 し に よ る 還 付 に係 る 災 害 損 失 欠 損 金 額 の 益 金 算 入 額	37			※	
	非 適 格 合 併 又 は 残 余 財 産 の 全 部 分 配 等 に よる 移 転 資 産 等 の 譲 渡 利 益 額 又 は 譲 渡 損 失 額	38			※	
	差　　引　　計 （34）＋（37）＋（38）	39			外 ※	
	更 生 欠 損 金 又 は 民 事 再 生 等 評 価 換 え が 行 わ れ る 場 合 の再 生 等 欠 損 金 の 損 金 算 入 額（別表七（三）「9」又は「21」）	40	△		※	△
	通 算 対 象 欠 損 金 額 の 損 金 算 入 額 又 は 通 算 対 象 所得 金 額 の 益 金 算 入 額（別表七の二「5」又は「11」）	41			※	
	差　　引　　計 （39）＋（40）±（41）	43				
	欠 損 金 等 の 当 期 控 除 額 （別表七（一）「4の計」）＋（別表七（四）「10」）	44	△		※	△
	総　　　　計 （43）＋（44）	45			外 ※	
	残 余 財 産 の 確 定 の 日 の 属 す る 事 業 年 度 に 係 る事 業 税 及 び 特 別 法 人 事 業 税 の 損 金 算 入 額	51	△	△		
	所 得 金 額 又 は 欠 損 金 額	52			外 ※	

20 ◆

別表一　各事業年度の所得に係る申告書－内国法人の分……令五・四・一以後終了事業年度等分

令和　年　月　日			

税務署長殿

通算グループ整理番号
通算親法人整理番号

納税地　電話（　　）　－
（フリガナ）
法人名
法人番号
（フリガナ）
代表者
代表者住所

法人区分
事業種目
同非区分
旧納税地及び旧法人名等
添付書類

青色申告　一連番号
整理番号
事業年度（至）
売上金額
申告年月日

申告区分

| 令和□年□月□日 | 事業年度分の法人税　申告書 |
| 令和□年□月□日 | 課税事業年度分の地方法人税　申告書 |

（中間申告の場合の計算期間　令和　年　月　日）

所得金額又は欠損金額（別表四「52の①」）…1
法人税額（48）+（49）+（50）…2
法人税額の特別控除額（別表六（六）「5」）…3
税額控除超過額相当額等の加算額…4
土地譲渡税額（課税土地譲渡利益金額）…5 000
同上に対する税額（62）+（63）+（64）…6
留保税額（課税留保金額）（別表三（一）「4」）…7
同上に対する税額（別表三（一）「8」）…8 00

法人税額計（2）-（3）+（4）+（6）+（8）…9
…10
仮装経理に基づく過大申告の更正に伴う控除法人税額…11
控除税額…12
差引所得に対する法人税額（9）-（10）-（11）-（12）…13 00
中間申告分の法人税額…14 00
差引確定法人税額（13）-（14）…15 00

課税標準法人税額（28・29・30）…28/29/30
地方法人税額（53）…31
税額控除超過額相当額の加算額（別表六（二）付表六「14の計」）…32
課税留保金額に係る地方法人税額（54）…33
所得地方法人税額（31）+（32）+（33）…34
…35
仮装経理に基づく過大申告の更正に伴う控除地方法人税額…36
外国税額の控除額…37
差引地方法人税額（34）-（35）-（36）-（37）…38
中間申告分の地方法人税額…39
差引確定地方法人税額（38）-（39）…40 00

所得税の額（別表六（一）「6の③」）…16
外国税額（別表六（二）「23」）…17
計（16）+（17）…18
控除した金額（12）…19
控除しきれなかった金額（18）-（19）…20
所得税額等の還付金額（20）…21
中間納付額（14）-（13）…22
欠損金の繰戻しによる還付請求税額…23
計（21）+（22）+（23）…24

…25 00
欠損金等の当期控除額…26
翌期へ繰り越す欠損金額（別表七（一）「5の合計」）…27
外国税額の還付金額（67）…41
中間納付額（39）-（38）…42
計（41）+（42）…43

…44 00

剰余金・利益の配当（剰余金の分配）の金額
残余財産の最後の分配又は引渡しの日
決算確定の日

還付を受けようとする金融機関
銀行　本店・支店
金庫・組合　出張所
農協・漁協　本所・支所
ゆうちょ銀行の貯金記号番号
口座

※税務署処理欄

税理士署名

Training

2-1 ◆ 文章問題

次の各文章の空欄に適切な語句を記入しなさい。

1. 内国法人に対して課する各事業年度の所得に対する法人税の ア は，各事業年度の イ とする。（2級101回1-3）

2. 内国法人の各事業年度の所得の金額は，その事業年度の ウ の額からその事業年度の エ の額を控除した金額とする。（2級101回1-3，97回1-3）

3. 資本等取引とは，法人の オ の額の増加又は減少を生ずる取引並びに法人が行う利益又は カ （資産の流動化に関する法律に規定する金銭の分配を含む。）及び残余財産の分配又は引渡しをいう。（2級102回1-4，96回1-1）

4. 確定申告書を提出した内国法人は，その申告書に記載した キ の額があるときは，その申告書の ク までに，その金額に相当する キ を国に納付しなければならない。（2級103回1-2，98回1-2）

5. 確定申告書の提出があった場合において，その申告書に ケ 等の控除不足額の記載があるときは，税務署長は，その申告書を提出した内国法人に対し，その金額に相当する税額を コ する。（2級105回1-4，99回1-1）

（解答欄）

ア		イ		ウ		エ	
オ		カ		キ		ク	
ケ		コ					

2-2 ◆ 計算問題

内国法人である甲株式会社（以下，「甲社」という。）は，卸売業を営む非同族会社であり，当期（自令和6年4月1日　至令和7年3月31日）末の資本金額は30,000,000円であり，中小法人等及び中小企業者等（適用除外事業者には該当しない）に該当する。

甲社の当期における確定申告書に記載すべき課税標準である所得の金額及び差引確定法人税額を計算しなさい。

＜資料＞

1. 確定した決算による当期利益の額　　　　　　15,000,000円
2. 所得金額の計算上税務調整すべき事項

(1) 損金経理をした中間納付の法人税	800,000円	（損金不算入，加算）
(2) 損金経理をした中間納付の住民税	100,000円	（損金不算入，加算）
(3) 法人税額から控除される所得税額	80,000円	（損金不算入，加算）
(4) 受取配当等の益金不算入額	120,000円	（益金不算入，減算）
(5) 交際費等の損金不算入額	72,800円	（損金不算入，加算）

（解答欄）

別表四

区　　　　　　　　　　分		金　　額
当　　期　　利　　益		円
加算		
	小　　　　計	
減算		
	小　　　　計	
仮　　　　　　計		
合　計・差　引　計・総　計		
所　　得　　金　　額		

別表一

	金　額	備　　考
所得金額	円	千円未満切捨て
法人税額		(1) 年800万円以下の所得金額に対する税額 (2) 年800万円を超える所得金額に対する税額 (3) 税額計 　(1) + (2) =

法人税額計	
控除税額	
差引所得に対する法人税額	百円未満切捨て
中間申告分の法人税額	
差引確定法人税額	

考えてみよう

　所得概念について整理し，現行の法人税法における所得概念が採用される根拠を考察しなさい。

Column 1　日本の法人の実態

　国税庁が公表している会社標本調査（令和3年度分）によると，法人数は約286万社となっている。このうち，資本金1億円以下のものが約99%となっている。つまり，割合としては，ほとんどの法人がいわゆる中小企業ということになる。

　ちなみに，証券取引所に上場している会社の数は，3,934社しかない（日本取引所グループHP，https://www.jpx.co.jp/listing/co/index.html（2023年12月28日最終更新））。そして，上場等している会社は，会社法だけではなく，金融商品取引法による規制も受け，財務情報の開示や監査を受ける必要がある。このような会社では，適正な情報開示のためにも，法人税法の影響を最小限にした適正な会計処理（簿記検定等で示されているとおりの会計処理）が求められる。

　これに対し，法人のほとんどである中小企業では，大企業と異なり，法人税への影響を考慮した会計処理となっていることが多い。投資者（株主）や債権者（銀行等）への適正な情報開示よりも，損金経理要件を満たさないこと等により生じる税額への影響の方が重視されているということであろう。

　そもそも経営者がすべての株式を持っている場合には情報開示の必要性は乏しく，また，銀行等は法人税への影響を考慮した会計処理になっていることを理解して融資額等を決定していると考えられる。

　このようなことから，経理の実務という点では，大企業の経理部門で監査対応等に関与しなければ，法人税法の規制を考慮した経理が一般的なものとなっている。

Column 2　別表四の区分欄の記載方法

··

　別表四の区分欄の記載は，法律等で定められている事項ではなく，内容のわかるものであれば良く，税理士試験や法人税法能力検定でも同様であると考えられている（設例2-1を参照）。このため，試験での答案として考えれば，内容がわかる範囲でより表記の短いものが好まれるだろう。例えば，「損金計上法人税等」のような記載でも間違いではない（答案ということであれば，正答となる）。

　また，簿記の仕訳で考えると，税務調整を借方に着目するか，貸方に着目するかで，表現が2通り考えられる。例えば，Training 10-2の資料2⑸の（前期の）商品計上もれは，次のような調整である（企業会計上の期末棚卸資産が3,000,000円で処理したが，税務上の期末棚卸資産は2,000,000円とする）。

◆企業会計上の仕訳

　（借）仕　　入　3,000,000円　　　（貸）繰越商品　3,000,000円

◆法人税法で想定される仕訳

　（借）仕　　入　2,000,000円　　　（貸）繰越商品　2,000,000円

　この税務調整において，借方に着目すれば，仕入（売上原価）が1,000,000円過大であったとみれば「売上原価否認」という表記になり，貸方に着目すれば，繰越商品（商品）が1,000,000円分余分に切り捨てられているとみれば「商品計上もれ」という表記になる。どちらが正解で，どちらが間違いというわけではないが，実務家の中には，損益勘定の調整という表記より，資産負債の勘定の調整の方が見慣れているという意見もある。

益金の額と損金の額

1 益金の額

(1) 益金の額

　法人税法では，益金の額に算入すべき金額を，別段の定めが
あるものを除き，次のものから生じる収益の額としている。

法法22②

益金の額に算入すべき収益の額

益金の額	①	資産の販売
	②	有償による資産の譲渡又は役務の提供
	③	無償による資産の譲渡又は役務の提供
	④	無償による資産の譲受け
	⑤	その他の取引で資本等取引以外のもの

　法人税法の益金の額は，基本的に企業会計における収益と同
様のものになっているが，③無償による資産の譲渡又は役務の
提供については，企業会計では基本的に収益に含まれない点で
差異がある。

◉重要条文【法人税法22条2項】
　内国法人の各事業年度の所得の金額の計算上当該事業年度の益金の額に算入すべき金額は，
別段の定めがあるものを除き，資産の販売，有償又は無償による資産の譲渡又は役務の提供，
無償による資産の譲受けその他の取引で資本等取引以外のものに係る当該事業年度の収益の額
とする。

　　企業会計では，**実現主義**がとられており，財貨・用役の引渡しと貨幣性資産の受領の2要件を満たしたものを収益として認識し，未実現の収益は認めないことを原則としている。

　　これに対し，法人税法では，保有し続けている間のキャピタルゲインには課税しない（この意味では企業会計と同様に未実現の収益には課税しない）が，課税の公平の観点から，何らかの原因で所有者の手を離れた段階でキャピタルゲインを含めた金額（時価）で譲渡したものとして課税する。このため，無償による資産の譲渡又は役務の提供においては，原価を超える部分を所得として認識し，時価相当の寄附金等を計上することになる。なお，低額譲渡（時価より低い金額で譲渡し，実質的に贈与又は無償の供与をしたと認められる場合）においても，時価と譲渡対価の差額は無償による譲渡として取り扱う。

法法37⑧

設例3-1　法人が保有する資産（原価300,000円）をA社に無償で譲渡した。この資産の時価は1,000,000円である。

◆企業会計上の仕訳

（借）譲渡損　　　　300,000円　　（貸）資　産　　　　300,000円

◆法人税法で想定される仕訳

（借）現　金　　　1,000,000円　　（貸）資　産　　　　300,000円
　　　　　　　　　　　　　　　　　　　　譲渡益　　　　700,000円
　　　寄附金　　　1,000,000円　　　　　現　金　　　1,000,000円

＊法人税法では，寄附金については損金算入限度額の規定があり，限度額を超えると損金不算入となる。このため，譲渡益と寄附金の相殺ができない場合があり，企業会計の当期純利益と法人税法の所得金額に差異が生じる可能性がある。

(2)　資産の販売等に係る収益の認識時期

　法人税法では，資産の販売等（資産の販売若しくは譲渡又は役務の提供）に係る収益の額は，原則として，個々の契約ごとに計上する。

　そして，資産の販売等に係る収益の額は，その資産の販売等に係る目的物の引渡し又は役務の提供の日の属する事業年度の益金の額に算入する（**引渡基準**）。　　　　　　　　　法法22の2①

　その引渡しの日がいつであるかについては，**出荷基準，船積基準，着荷基準，検収基準，使用収益日基準**等のうち，その棚卸資産の種類及び性質，その販売に係る契約の内容等に応じその引渡しの日として合理的であると認められる日のうち法人が継続してその収益計上を行うこととしている日による。　　　　　法基通2-1-2

　また，資産の販売等に係る収益の額につき，一般に公正妥当と認められる会計処理の基準に従って**引渡し等の日に近接する日**の属する事業年度の確定した決算において収益として経理した場合には，その事業年度の益金の額に算入する。　　　　　　　法法22の2②

　これは，委託販売における仕切精算書到達日基準や電気業・ガス業における検針日基準による収益計上は，引渡しの日における収益計上ではないが，法人が仕切精算書到達日基準や検針日基準で収益として経理すれば，これを引渡し等の日に近接する日として法人税の所得の金額の計算上，益金の額に算入しようとするものである。

　なお，固定資産の譲渡に係る収益の額も，基本的に，その引渡しがあった日の属する事業年度の益金の額に算入する。　　　法基通2-1-14

◉重要条文【法人税法22条の2　1項】
　内国法人の資産の販売若しくは譲渡又は役務の提供（以下この条において「資産の販売等」という。）に係る収益の額は，別段の定め（前条第4項を除く。）があるものを除き，その資産の販売等に係る目的物の引渡し又は役務の提供の日の属する事業年度の所得の金額の計算上，益金の額に算入する。

| 法法61①，法基通2-1-21の12，法法61の2①，法基通2-1-22 | これに対し，短期売買商品等や有価証券の譲渡については，引渡基準ではなく，譲渡に係る契約の成立した日に益金の額に算入する。 |

(3) 資産の販売等に係る収益の額

法法22の2④	資産の販売等に係る収益の額として益金の額に算入する金額は，原則として，その販売若しくは譲渡をした資産の**引渡しの時における価額**又はその提供をした役務につき**通常得べき対価の額**（「引渡し等の時における価額」）に相当する金額とする。
法法22の2⑤	なお，その引渡し等の時における価額は，貸倒れ又は買戻しの可能性がある場合においても，その可能性がないものとした場合における価額である。
法基通2-1-1の10	また，引渡し等の時における価額については，原則として，資産の販売等につき第三者間で取引した場合に通常付される価額である。さらに，資産の販売等に係る目的物の引渡し又は役務の提供の日の属する事業年度終了の日までにその対価の額が合意されていない場合は，同日の現況により引渡し時の価額等を適正に見積もるものとしている。

◉重要条文【法人税法22条の2　4項，5項】

4　内国法人の各事業年度の資産の販売等に係る収益の額として第1項又は第2項の規定により当該事業年度の所得の金額の計算上益金の額に算入する金額は，別段の定め（前条第4項を除く。）があるものを除き，その販売若しくは譲渡をした資産の引渡しの時における価額又はその提供をした役務につき通常得べき対価の額に相当する金額とする。

5　前項の引渡しの時における価額又は通常得べき対価の額は，同項の資産の販売等につき次に掲げる事実が生ずる可能性がある場合においても，その可能性がないものとした場合における価額とする。

一　当該資産の販売等の対価の額に係る金銭債権の貸倒れ

二　当該資産の販売等（資産の販売又は譲渡に限る。）に係る資産の買戻し

| Advance | 請負に関する収益認識時期 |

　請負については，その引渡し等の日が役務の提供の日に該当し，その収益の額は，原則として，引渡し等の日の属する事業年度の益金の額に算入される。ただし，履行義務が一定の期間にわたり充足される一定の請負については，その請負に係る履行義務が充足されていくそれぞれの日の属する事業年度において益金の額に算入しているときは，これを認めるとしている（法基通2-1-21の7）。

　そして，請負契約の内容が建設工事等であるときは，その建設工事等の引渡しの日は，例えば，作業を結了した日，相手方の受入場所へ搬入した日，相手方が検収を完了した日，相手方において使用収益ができることとなった日等その建設工事等の種類及び性質，契約の内容等に応じその引渡しの日として合理的であると認められる日のうち法人が継続してその収益計上を行うこととしている日によるものとしている（法基通2-1-21の8）。

　法人税法では，工事の請負に関して，このような収益認識（**工事完成基準**）だけではなく，**工事進行基準**も認められている。また，長期大規模工事については，工事進行基準が強制適用される（法法64）。

　工事進行基準では，次のように当期の収益が求められる。

　　当期の収益＝請負の対価の額×工事進行割合－既に収益として計上した金額

　　※工事進行割合＝$\dfrac{\text{既に要した原材料費，労務費その他の経費の合計額}}{\text{期末の現況による工事原価見積額}}$

| Advance | 法人税法における「収益認識に関する会計基準」への対応 |

　平成30年3月30日に企業会計基準委員会から「**収益認識に関する会計基準**」が公表された。これは，顧客との契約から生ずる収益に関する会計処理及び開示について適用される会計基準であるが，公正処理基準を通じて法人税法への影響が生じることが考えられる。

　しかし，法人税法では，資産の販売等に係る収益の額は，資産の販売等により受け取る対価の額ではなく，販売等をした資産の価額をもって認識すべきとの考え方としている。これは，資産の無償による譲渡に係る収益の額が益金の額となることや，寄附金の損金不算入制度において寄附金の額を譲渡資産の譲渡の時の価額で算定することにも表れている。この考え方からすると，法人税法においては，「収益認識に関する会計基準」のように対価の額を基礎として益金の額を計算する方法は採用できない。

　このため，「収益認識に関する会計基準」に従った収益の額の計算のうち，法人税の所得の金額の計算として認めるべきでない部分があれば，その部分を明示する必要が生ずることがある。そこで，「収益認識に関する会計基準」への対応として，平成30年度税制改正により法人税法22条の２等を創設し，法人税法における資産の販売等に係る収益の認識時期及び収益の額の明確化を行っている。

　なお，これ以外にも，法人税法の「収益認識に関する会計基準」への対応として，返品調整引当金及び長期割賦販売等に関する延払基準が廃止とされている。

Key Point　企業会計との差異

　企業会計では，顧客と約束した対価のうち変動する可能性のある部分を変動対価としており（「収益認識に関する会計基準」50項），値引き，割戻し，貸倒れや買戻し等により対価に変動性があるものが含まれる。企業会計では，契約上の対価の額からこの変動対価を控除した金額で収益を認識することとしている。

　これに対し，法人税法では，資産の販売等に係る契約の対価について，値引き，値増し，割戻しその他の事実により変動する可能性がある部分の金額を変動対価としており（法基通２-１-１-11），貸倒れや買戻しは変動対価から除かれている。

　そして，法人税法上の**変動対価**については，契約の対価の額から減額若しくは増額をする可能性のある金額又はその金額の算定基準（客観的なものに限る。）が契約等で相手に明らかにされている場合や内部的に決定されている場合で，一定の書類を保存しているときは，契約上の対価から控除した金額を益金の額とする。このため，値引き等の法人税法上の変動対価の取扱いは，企業会計も法人税法も同様に契約の対価の額から控除して計算することとなる。

　しかし，法人税法では貸倒れや買戻しに基づくものは変動対価から除かれており，貸倒れや買戻しの可能性がある場合でもその可能性がないものとした場合の価額を益金の額とする。このため，企業会計において貸倒れや買戻しが収益の額から控除されていたとしても，この部分は益金の額に含められる（契約の対価から控除されない）ことになり，企業会計と法人税法とで乖離が生じることになる。

設例3-2　商品の掛販売において，契約の対価の額は2,500,000円であるが，割戻しの可能性のある金額が50,000円，貸倒れの可能性のある金額が100,000円（これらの金額は，客観的に見積もられたものであり，税務上適正なものとする。）ある。

　企業会計上の仕訳が次のとおりであるとした場合に，調整すべき金額を求めなさい。

■ 企業会計上の仕訳

　（借）売掛金　　　　　　　　2,350,000円　　　　（貸）売上　　　　　　　　2,350,000円

■ 解　答
売上計上もれ（加算調整）100,000円

■ 解　説
法人税法で想定される仕訳

　（借）売掛金　　　　　　　　2,450,000円　　　　（貸）売上　　　　　　　　2,450,000円

　企業会計では，変動対価を控除した対価の額を収益計上額とすることになっているが，法人税法の益金の額は，貸倒れ又は買戻しの可能性がある場合でもその可能性がないものとした場合の価額であり，貸倒れの可能性がある金額（100,000円）を含めて益金の額とする必要がある。

Reference　「収益認識に関する会計基準」の概要

　「収益認識に関する会計基準」で取り扱う範囲は，顧客との契約から生じる収益とし，契約の相手方が，対価と交換に企業の通常の営業活動により生じたアウトプットである財又はサービスを得るために当該企業と契約した当事者である顧客である場合にのみ適用する。

　「収益認識に関する会計基準」公表前においては，「売上高は，実現主義の原則に従い，商品等の販売又は役務の給付によって実現したものに限る。」（企業会計原則損益計算書原則三，B）とし，実現主義による収益認識が定められていた。

　これに対し，国際会計基準審議会（IASB）及び米国財務会計基準審議会（FASB）は，共同して収益認識に関する包括的な会計基準の開発を行い，「顧客との契約から生じる収益」（IASB においては国際財務報告基準（IFRS）第15号，FASBにおいてはTopic 606）を公表しており，両基準は文言レベルで概ね同一の基準とされる（「収益認識に関する会計基準」92項）。

　このような中で，企業会計基準委員会より「収益認識に関する会計基準」が公表されたが，この開発の方針としては，(1)IFRS第15号の定めを基本的にすべて取り入れる，(2)適用上の課題に対応するために代替的な取扱いを追加的に定める，という２点が示されている（「収益認識に関する会計基準」98項）。

　そして，「収益認識に関する会計基準」では，「本会計基準の基本となる原則は，約束した財又はサービスの顧客への移転を当該財又はサービスと交換に企業が権利を得ると見込む対価の額で描写するように，収益を認識することである。」（16項）とし，この基本となる原則に従って収益を認識するために，次の(1)から(5)のステップを適用することとしている。なお，この収益認識の基本的な考え方やステップは，IFRS第15号と同様の内容になっている。

収益認識の５つのステップ

(1)	顧客との契約を識別する	本会計基準の定めは，顧客と合意し，かつ，所定の要件を満たす契約に適用する。
(2)	契約における履行義務を識別する	契約において顧客への移転を約束した財又はサービスが，所定の要件を満たす場合には別個のものであるとして，当該約束を履行義務として区分して識別する。
(3)	取引価格を算定する	変動対価又は現金以外の対価の存在を考慮し，金利相当分の影響及び顧客に支払われる対価について調整を行い，取引価格を算定する。
(4)	契約における履行義務に取引価格を配分する	契約において約束した別個の財又はサービスの独立販売価格の比率に基づき，それぞれの履行義務に取引価格を配分する。独立販売価格を直接観察できない場合には，独立販売価格を見積る。
(5)	履行義務を充足した時に又は充足するにつれて収益を認識する	約束した財又はサービスを顧客に移転することにより履行義務を充足した時に又は充足するにつれて，充足した履行義務に配分された額で収益を認識する。履行義務は，所定の要件を満たす場合には一定の期間にわたり充足され，所定の要件を満たさない場合には一時点で充足される。

（出典）「収益認識に関する会計基準」（17項）一部修正

　この５つのステップを例（「収益認識に関する会計基準の適用指針」，設例1（一部修正）で示すと次のようになる。

　当期首に，企業は顧客と，標準的な商品Ｘの販売と２年間の保守サービスを提供する１つの契約を締結した。企業は，当期首に商品Ｘを顧客に引き渡し，当期首から翌期末まで保守サービスを行う。契約書に記載された対価の額は12,000千円である。

　この設例において，商品Ｘの取引価格を10,000千円とし，保守サービスの取引価格を2,000千円とすると，企業が当該契約について当期（１年間）に認識する収

益の額は次のようになる。

商品Xの販売	10,000千円
保守サービスの提供	1,000千円（＝2,000千円×$\frac{1}{2}$）
収益の額	11,000千円

設例に5つのステップを適用したフロー

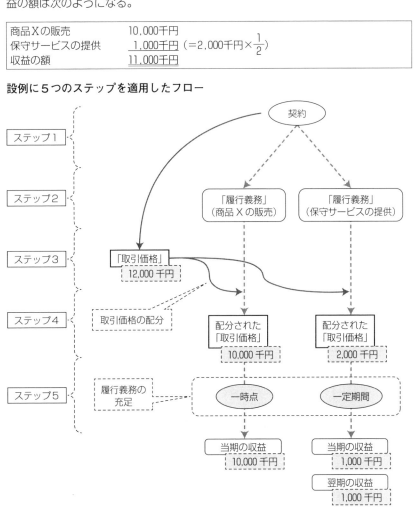

（出典）「収益認識に関する会計基準の適用指針」設例1

2 損金の額

(1) 損金の額

法法22③　　　　法人税法では，損金の額に算入すべき金額を，別段の定めが
あるものを除き，次のように定めている。

損金に算入すべき金額

損金の額	①原価	その事業年度の収益に係る売上原価，完成工事原価その他これらに準ずる原価の額
	②費用	①のほか，その事業年度の販売費，一般管理費その他の費用（償却費以外の費用でその事業年度終了の日までに債務の確定しないものを除く）の額
	③損失	その事業年度の損失の額で資本等取引以外の取引に係るもの

(2) 損金経理

法法2二十五　　　**損金経理**とは，法人がその確定した決算において費用又は損
失として経理することをいい，損金経理が損金算入の要件とさ
れる規定も多くある。**確定した決算**とは，その事業年度の決算
において，株主総会の承認又は総社員の同意その他これらに準
ずる手続きがあったものをいう。これは，会社法に基づいた株
主総会の承認等を得ることで，法人の意思を明らかにさせよう
とするものである。

◉重要条文【法人税法22条3項，法人税法2条25号】

22条3項　内国法人の各事業年度の所得の金額の計算上当該事業年度の損金の額に算入すべき
金額は，別段の定めがあるものを除き，次に掲げる額とする。
　一　当該事業年度の収益に係る売上原価，完成工事原価その他これらに準ずる原価の額
　二　前号に掲げるもののほか，当該事業年度の販売費，一般管理費その他の費用（償却費以
　　外の費用で当該事業年度終了の日までに債務の確定しないものを除く。）の額
　三　当該事業年度の損失の額で資本等取引以外の取引に係るもの
2条25号　損金経理　法人がその確定した決算において費用又は損失として経理することをい
　う。

⑶　原価の額

　損金経理は,「費用又は損失として経理すること」として,
原価は除かれている。これは,法人税法においても費用収益対
応の原則が重視されており,個別的対応の関係にある原価につ
いては,収益に対応した計上が求められるからである。

　このため,売上原価や完成工事原価等が,その事業年度終了 法基通2-2-1
の日において確定していない場合でも,同日の現況によりその
金額を適正に見積もることとしている。また,税務調査等でそ
の事業年度に計上すべき収益が計上されていないと認定された
場合においても,この収益に対応する原価は損金経理をしてい
なくとも認められる。

⑷　費用の額

　費用の額は,収益と個別的対応の関係はなく,収益とは期間
的な対応関係等にあるものである。このような費用の額につい
ては,損金経理により法人の意思が確認されるとともに,償却
費以外の費用については債務の確定が求められる(**債務確定主
義**)。

　債務の確定とは,①その事業年度終了の日までにその費用に 法基通2-2-12
係る債務が成立していること,②その事業年度終了の日までに
その債務に基づいて具体的な給付をすべき原因となる事実が発
生していること,③その事業年度終了の日までにその金額を合
理的に算定することができるものであること,のすべてが満た
されるものをいう。

⑸　損失の額

　損失の額は,その事業年度に発生したという事実をもって計
上されることになるが,損金経理により法人の意思が確認され
る場合がある。

Training

3-1◆文章問題

次の各文章の空欄に適切な語句を記入しなさい。

1．損金経理とは，法人がその確定した　ア　において　イ　として経理することをいう。（2級111回1-3，105回1-3）

2．内国法人の各事業年度の所得の金額の計算上その事業年度の　ウ　に算入すべき金額は，別段の定めがあるものを除き，資産の販売，有償又は無償による資産の譲渡又は役務の提供，無償による資産の譲受けその他の取引で　エ　以外のものに係るその事業年度の　オ　とする。（2級107回1-5，94回1-3）

3．各事業年度の所得の金額の計算上，益金の額に算入すべき　カ　の額並びに損金の額に算入すべき原価，費用及び損失の額は，別段の定めがあるものを除き，一般に　キ　と認められる会計処理の基準に従って計算されるものとする。（2級110回1-2，99回1-5）

4．内国法人の資産の販売等に係る収益の額は，別段の定めがあるものを除き，その資産の販売等に係る目的物の　ク　又は役務の　ケ　の日の属する事業年度の所得の金額の計算上，益金の額に算入する。（2級110回1-3）

5．確定した決算とは，その事業年度の決算につき，　コ　の承認又は　サ　の同意その他これらに準ずるものがあったものをいう。（2級95回1-3）

（解答欄）

ア		イ		ウ		エ	
オ		カ		キ		ク	
ケ		コ		サ			

（考えてみよう）

損金経理の意義について考察しなさい。

第4章

交 際 費 等

1 損金不算入の取扱いの確認

　交際費等については，冗費の節約や資本の充実の観点から，損金不算入の取扱いが規定されている。これが，本書の最初の具体的な調整項目であるため，交際費等の詳細な取扱いの確認の前に，第2章で学習した税務調整について，交際費に関する企業会計上の仕訳と法人税法での取扱いの差異から必要となる税務調整を通じた確認をした上でその内容に入ることとする。

設例4-1　得意先の役員と接待のためにゴルフに行き，プレー代100,000円（全額交際費等の損金不算入の適用があるものとする。）を支払った。なお，当社は中小法人等に該当しない。

◆企業会計上の仕訳

　（借）交際費（販売費及び一般管理費）　100,000円　（貸）現　金　　　　　100,000円

　＊交際費は，基本的に企業の収益獲得のために必要な費用（販売費及び一般管理費）として扱われる。

◆法人税法で想定される仕訳

　（借）損金不算入　　　　　　　　　　　100,000円　（貸）現　金　　　　　100,000円

　＊交際費等の損金不算入により，現金の支出はあるが，損金の額に算入されない。なお，実際には仕訳を行うのではなく，別表四で税務調整を行う。

　例えば，売上高20,000,000円，売上原価10,000,000円とした場合，次のようになる。

	損益計算書	
売上高	20,000,000 円	
売上原価	10,000,000 円	
交際費	100,000 円	
当期純利益	9,900,000 円	

別表四（所得金額の計算）

当期利益		9,900,000 円
加　算	益金算入	
	損金不算入 100,000 円	
減　算	益金不算入	
	損金算入	
	…	
所得金額		10,000,000 円

　損益計算書の当期純利益（9,900,000円）に，交際費等の損金不算入となる100,000円を加算した金額が，法人税の課税所得（10,000,000円）となり，交際費等の支出がなかった場合（売上高20,000,000円−売上原価10,000,000円）と等しくなる。

2　交際費等の損金不算入の取扱い

措法61の4①②，
措令37の4

　交際費等の額のうち，接待飲食費の50％（限度額）を超える部分の金額は損金の額に算入しない。また，中小法人については，支出した交際費等の金額のうち定額控除限度額に達するまでの金額の損金算入が認められており，接待飲食費の限度額と定額控除限度額の選択適用となる。

　なお，定額控除限度額は次の算式により求められる。

$$定額控除限度額 = 8,000,000円 \times \frac{当期の月数}{12}$$

法人規模別の交際費等の損金算入限度額

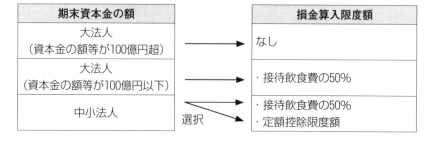

期末資本金の額	損金算入限度額
大法人（資本金の額等が100億円超）	なし
大法人（資本金の額等が100億円以下）	・接待飲食費の50％
中小法人	・接待飲食費の50％ ・定額控除限度額

3　交際費等の範囲と接待飲食費の範囲

　交際費等とは，交際費，接待費，機密費その他の費用で，法人が，その得意先，仕入先その他事業に関係のある者等に対する接待，供応，慰安，贈答その他これらに類する行為のために支出するものである。　措法61の4⑥

　接待飲食費とは，交際費等のうち飲食その他これに類する行為のために要する費用（専らその法人の役員若しくは従業員又はこれらの親族に対する接待等のために支出するものを除く）をいう。なお，接待飲食費については，飲食等の年月日，相手の氏名等，飲食店名，その他飲食費であることを明らかにするための必要な事項を記載した書類の保存が必要となる。　措規21の18の4

　また，1人当たり10,000円以下の飲食費で書類を保存しているものについては，交際費等に該当しないという取扱いになっている。

　なお，接待飲食費に係る損金算入の特例の対象法人には，その事業年度終了の日における資本金の額又は出資金の額が100億円を超える法人は除かれる。

◉**重要条文【租税特別措置法61条の4　6項】**
6　第1項，第3項及び前項に規定する交際費等とは，交際費，接待費，機密費その他の費用で，法人が，その得意先，仕入先その他事業に関係のある者等に対する接待，供応，慰安，贈答その他これらに類する行為（以下この項において「接待等」という。）のために支出するもの（次に掲げる費用のいずれかに該当するものを除く。）をいい，第1項に規定する接待飲食費とは，同項の交際費等のうち飲食その他これに類する行為のために要する費用（専ら当該法人の法人税法第2条第15号に規定する役員若しくは従業員又はこれらの親族に対する接待等のために支出するものを除く。第2号において「飲食費」という。）であって，その旨につき財務省令で定めるところにより明らかにされているものをいう。
一　専ら従業員の慰安のために行われる運動会，演芸会，旅行等のために通常要する費用
二　飲食費であって，その支出する金額を基礎として政令で定めるところにより計算した金額が政令で定める金額以下の費用
三　前二号に掲げる費用のほか政令で定める費用

4　交際費等に含まれるものの例示

措令37の5，措
通61の4(1)-1，
-15，-16

(1)　得意先，仕入先等社外の者の慶弔，禍福に際し支出する
金品等の費用

(2)　得意先，仕入先その他事業に関係のある者等を旅行，観
劇等に招待する費用（製造業者又は卸売業者が特約店その他
の販売業者を旅行，観劇等に招待し，併せて新製品の説明，販
売技術の研究等の会議を開催した場合において，その会議が会
議としての実体を備えていると認められるときは，会議に通常
要すると認められる費用の金額は，交際費等の金額に含めない）

(3)　得意先，仕入先等の従業員等に対して取引の謝礼等とし
て支出する金品の費用

(4)　会社の何周年記念又は社屋新築記念における宴会費，交
通費及び記念品代並びに新船建造又は土木建築等における
進水式，起工式，落成式等におけるこれらの費用（進水式，
起工式，落成式等の式典の祭事のために通常要する費用は，交
際費等に該当しない）

(5)　得意先，仕入先等社外の者に対する接待，供応に要した
費用（中元・歳暮の贈答に要した費用，株主総会のお土産代
等）

5　交際費等に含まれないものの例示

措令37の5，措
通61の4(1)-1

(1)　主として次に掲げるような性質を有するもの

①　寄附金（神社の祭礼等の寄贈金等）

②　値引き及び割戻し（事業用資産又は少額物品（おおむね
3,000円以下）で，その交付の基準が売上割戻し等の算定基
準と同一であるとき等）

③　広告宣伝費（得意先等に対する見本品，試用品の供与に
通常要する費用等）

④　福利厚生費（従業員慰安旅行等）

⑤　給与等（機密費，接待費，交際費，旅費等の名義で支給したもののうち，その法人の業務のために使用したことが明らかでないもの（渡切交際費）等）

(2)　カレンダー，手帳，扇子，うちわ，手拭いその他これらに類する物品を贈与するために通常要する費用

(3)　会議に関連して，茶菓，弁当その他これらに類する飲食物を供与するために通常要する費用

(4)　新聞，雑誌等の出版物又は放送番組を編集するために行われる座談会その他記事の収集のために，又は放送のための取材に通常要する費用

(5)　1人当たり10,000円以下の飲食費で書類の保存要件を満たしているもの

Reference　交際費等の規定

交際費等の損金不算入は，法人税法そのものではなく，租税特別措置法で規定されている。このため，特別措置として適用期限を限定して定めている。ただし，交際費等の損金不算入は，昭和29年度に設けられて以降，適用の拡大縮小を行いつつ，延長を繰り返し現在に至るものである。

Advance　使途秘匿金

法人がした金銭の支出（贈与，供与その他これらに類する目的のためにする金銭以外の資産の引渡しを含む）のうち，相当の理由がなく，その相手方の氏名又は名称及び住所又は所在地並びにその事由をその法人の帳簿書類に記載していないものを**使途秘匿金**という（措法62①②）。

法人税法は，法人（公共法人を除く）が相当の理由がなく相手方の氏名や使途を明らかにしない支出である使途秘匿金について，違法ないし不当な支出である可能性を考慮し，損金の額に算入しないだけでなく，支出額の40%を法人税額に加算することで社会的に不正な支出を極力抑えようとしている。

設例4-2 松戸株式会社（資本金5,000万円，中小法人等及び中小企業者等（適用除外事業者には該当しない）に該当する）の当期（自令和6年4月1日 至令和7年3月31日）の交際費等の損金不算入額を計算しなさい。

(1) 確定した決算による当期利益の額 　　　　　　　　　　　　　　40,000,000円

(2) 交際費等に関する事項

① 当期において損金経理した交際費勘定に計上した金額の内訳は，次のとおりである。

　イ 得意先の役員・従業員の慶弔・禍福に要した費用の額 　　　　600,000円

　ロ 得意先に対する中元・歳暮の贈答に要した費用の額 　　　　4,000,000円

　ハ 得意先に見本品を供与するために要した費用の額 　　　　　1,500,000円

　ニ 取引先を接待するために支出した飲食費用の額 　　　　　　5,000,000円

　（なお，1,200,000円は1人当たり10,000円以下のものであり，残額は1人当たり10,000円を超えるものである。）

② 当期中に仕入先の役員を旅行に招待した費用の額が700,000円あるが，当期末において請求書が未到達のため何ら処理を行っていない。

■ 解　答

(1) **支出交際費等の額**

① 接待飲食費

5,000,000円 － 1,200,000円 ＝ 3,800,000円

② その他

600,000円 ＋ 4,000,000円 ＋ 700,000円 ＝ 5,300,000円

③ 合計 　①＋② ＝ 9,100,000円

(2) **定額控除限度額**

$8,000,000円 \times \dfrac{12月}{12} = 8,000,000円$ ＜ 9,100,000円 ∴ 8,000,000円

(3) **損金算入限度額**

3,800,000円 × 50％ ＝ 1,900,000円 ＜ 8,000,000円 ∴ 8,000,000円

(4) **損金不算入額**

(1) － (3) ＝ 1,100,000円

■ 解　説

仕入先の役員を旅行に招待した費用は交際費等に該当するが，当期末において未処理であるため交際費認定損として減算調整したうえで，支出交際費等の額の②その他に含める。

Training

4-1 ◆ 文章問題

次の各文章の空欄に適切な語句を記入しなさい。

1. 交際費とは，交際費，接待費，［　ア　］その他の費用で，法人が，その得意先，仕入先その他事業に関係のある者等に対する接待，供応，［　イ　］，贈答その他これらに類する行為のために支出するものをいう。（2級105回1-5，100回1-4）

（解答欄）

ア		イ	

4-2 ◆ 計算問題（2級第111回第2問一部改題）

内国法人である甲株式会社（以下「甲社」という。）は，卸売業を営む非同族会社であり，当期（自令和6年4月1日　至令和7年3月31日）末の資本金の額は50,000,000円であり，中小法人等及び中小企業者等（適用除外事業者には該当しない）に該当する。

甲社の当期における確定申告書に記載すべき課税標準である所得の金額を計算しなさい。

＜資料＞

1. 確定した決算による当期利益の額　　　　　　　　　　　　30,000,000円

2. 所得金額の計算上税務調整を検討する事項

(1) 当期において損金経理により計上した接待交際費勘定の内訳は次のとおりである。

① 従業員に対する慰安旅行費用の額　　　　　　　　　　　780,000円

② 得意先をプロ野球の試合に招待した費用の額　　　　　　926,000円

③ 得意先・仕入先等を飲食店で接待した費用の額　　　　6,575,000円

この中には，一人当たり10,000円以下の飲食費等の額（税務上適正に処理されている。）が625,000円含まれている。

④ 得意先の役員の慶弔・禍福に際して支出した金額　　　　570,000円

⑤ 得意先・仕入先等に対する中元・歳暮の贈答に要した費用の額　880,000円

⑥ 社内会議に際し支出した飲物・弁当代の額　　　　　　　320,000円

⑦ 得意先等に対して配布した少額の甲社社名入りの手帳の作成費用の額

618,000円

⑧ 仕入先の役員を旅行に招待した費用の額　　　　　　　1,266,000円

この中には，日程を変更したことによるキャンセル料100,000円が含まれて

いる。

(2) 当期中の3月30日に取引先を接待した飲食費等の額が120,000円（一人当たり10,000円超の飲食費等の額に該当）あるが，当期末において請求書が未到着のため何ら処理を行っていない。

(3) 当期に得意先をゴルフに招待した費用の額が300,000円あり，仮払金勘定に計上している。

(解答欄)

別表四

区 分		金 額
当 期 利 益		円
加算		
	小 計	
減算		
	小 計	
仮 計		
合 計・差 引 計・総 計		
所 得 金 額		

所得金額の計算過程

交際費等	(1)　支出交際費等の額
	①　接待飲食費
	②　その他
	③　合　計
	①　＋　②　＝
	(2)　定額控除限度額
	∴
	(3)　損金算入限度額
	∴
	(4)　損金不算入額
	(1)　－　(3)　＝

【考えてみよう】

　交際費等の損金不算入が租税特別措置法に規定されていることについて，租税特別措置法の意義を含め，問題点を考察しなさい。

Column 3　租税回避

法人税法において複数選択肢があるもののうち，税額が少なくなる方法を選択することは，違法な行為ではない。法人税法が予定しているところに従って税負担の軽減を図る行為は，「節税」と呼ばれる。

これに対し，売上除外のような課税要件の充足の事実を秘匿する行為は違法であり，「脱税」と呼ばれる。

しかし，実際には，このような「節税」や「脱税」のような，白黒はっきりとする行為ばかりではなく，グレーな行為が行われることも多い。これらの行為は，「租税回避」と呼ばれる。租税回避は，法人税法が予定していない異常な法形式を用いて税負担の減少を図る行為であると説明される。

租税回避は，脱税のように必ずしも黒というものではないが，個別的否認規定や同族会社の行為計算否認のような包括的否認規定（一般的否認規定）により否認されることもある。どのような場合が租税回避に該当するか，租税回避に該当した場合の課税関係はどうなるか，は裁判でもよく争われている。たまには，租税判例を眺めてみるのも良いだろう。

第5章

寄 附 金

1 寄附金の損金不算入の取扱い

寄附金は，法人が何らかの意図で金銭の支出等を行うもので
あるから，純資産増加説の考え方からは純資産の減少であり，
損金算入を認めるべきという考え方もある。しかし，寄附の実
質からは，事業上必要な経費と認められるものばかりではなく，
慈善寄附金のように対価性のない利益処分的な性格なものも存
在すると考えられる。

そして，寄附金が経費性のある支出か利益処分的な支出かを
客観的に区分することは困難であるため，法人税法では一定の
損金算入限度額を設けて，この限度額までの損金算入を認める
という方法を採用している。

設例5-1 我孫子株式会社は，寄附金1,000,000円を現金で支払った。なお，我孫
子株式会社の当期における寄附金の損金算入限度額は600,000円である。

◆企業会計上の仕訳

（借）寄附金（販売費及び一般管理費） 1,000,000円 （貸）現 金 1,000,000円

＊寄附金を，費用（販売費及び一般管理費）として処理するか，利益処分として処理する
かは，取引に応じ会社が判断することになる。

◆**法人税法で想定される仕訳**

（借）寄附金（損金の額）　　　　　　600,000円　（貸）現　　金　　1,000,000円

　　　損金不算入　　　　　　　　　　400,000円

＊損金算入限度額（600,000円）までは損金の額に算入されるが，これを超える部分
（400,000円）は損金の額に算入されないため，税務調整が必要になる。なお，損益計算
書と課税所得の関係については，設例4-1を参照。

2　寄附金の範囲

法法37⑦⑧　　　　寄附金の額は，寄附金，拠出金，見舞金その他いずれの名義
をもってするかを問わず，金銭その他の資産又は経済的な利益
の贈与又は無償の供与等であり，その贈与時や供与時の金銭の
額や経済的な利益等の価額とされる。

　　　　　　また，資産の譲渡又は経済的な利益の供与をした場合におい
て，その譲渡又は供与の対価の額がその資産のその譲渡の時に
おける価額又はその経済的な利益のその供与の時における価額
に比して低いとき（いわゆる低額譲渡），その対価の額とその価
額との差額のうち実質的に贈与又は無償の供与をしたと認めら
れる金額は，寄附金の額として扱われる。

法法37⑦　　　　　なお，広告宣伝及び見本品の費用その他これらに類する費用
並びに交際費，接待費及び福利厚生費とされるべきものは，寄

◉**重要条文【法人税法37条7項，8項】**

7　前各項に規定する寄附金の額は，寄附金，拠出金，見舞金その他いずれの名義をもってす
るかを問わず，内国法人が金銭その他の資産又は経済的な利益の贈与又は無償の供与（広告
宣伝及び見本品の費用その他これらに類する費用並びに交際費，接待費及び福利厚生費とさ
れるべきものを除く。次項において同じ。）をした場合における当該金銭の額若しくは金銭以
外の資産のその贈与の時における価額又は当該経済的な利益のその供与の時における価額に
よるものとする。

8　内国法人が資産の譲渡又は経済的な利益の供与をした場合において，その譲渡又は供与の
対価の額が当該資産のその譲渡の時における価額又は当該経済的な利益のその供与の時にお
ける価額に比して低いときは，当該対価の額と当該価額との差額のうち実質的に贈与又は無
償の供与をしたと認められる金額は，前項の寄附金の額に含まれるものとする。

附金の額から除かれる。また，法人の役員等が個人として負担すべきものと認められるものは，その負担すべき者に対する給与とされ，寄附金の額から除かれる。

法基通9-4-2の2

　さらに，子会社等のために債務の引受けや債権放棄等を行う場合で，この損失負担等をしなければより大きな損失を蒙ることが社会通念上明らかであると認められるときは，寄附金の額に含まれない。また，災害を受けた得意先等の取引先に対してその復旧を支援することを目的として災害発生後相当の期間内に売掛金，未収請負金，貸付金その他これらに準ずる債権の全部又は一部を免除した場合には，その免除したことによる損失の額も，寄附金の額に含まれない。

法基通9-4-1

法基通9-4-6の2

3　寄附金の損金算入時期

　寄附金は，その支出がされた時に損金の額に算入されることとされている。このため，寄附金の支払いがされているが，企業会計上では仮払金として経理しているという場合にも，法人税法上は寄附金の支払いに従い，支払った事業年度において寄附金認定損（減算調整）の税務調整を行う。

法基通9-4-2の3

　また，企業会計上では未払寄附金として経理することにより寄附金が費用計上されていても，法人税法上は未だ寄附金の支払いがなされていないため，未払経理をした事業年度では未払寄附金否認（加算調整）の税務調整を行う。なお，手形の振出し（裏書譲渡を含む）は，現実の支払いでないとして，未払寄附金と同様に取り扱う（未払寄附金否認の調整を行う）ことになる。

法令78

法基通9-4-2の4

> **設例5-2** 次の取引において必要となる税務調整を行い，別表四の仮計までの金額を計算しなさい。なお，当期は4月1日から3月31日までであり，当期利益は10,000,000円である。
>
> 　2月1日　寄附金100,000円を現金で支払った。
>
> 　2月28日　寄附金100,000円を支払手形（支払期日4月30日）で支払った。
>
> 　3月10日　寄附金100,000円について未払計上した。なお，その後4月20日に支払いを行った。
>
> 　3月20日　現金100,000円の支払いを行ったが，仮払金として処理した。なお，その後4月10日に仮払金を寄附金に振り替えた。

■ 解　答

別表四

区　　　　　　分		金　　額
当　　期　　利　　益		10,000,000円
加算	未払寄附金否認	200,000
	小　　　　　計	200,000
減算	仮払寄附金認定損	100,000
	小　　　　　計	100,000
仮　　　　　　　　計		10,100,000

■ 解　説

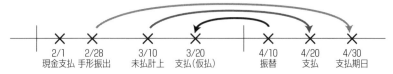

企業会計上の仕訳（当期）

② 2/1	寄附金	100,000円	現金	100,000円
2/28	寄附金	100,000円	支払手形	100,000円
3/10	寄附金	100,000円	未払金	100,000円
③ 3/20	仮払金	100,000円	現金	100,000円

企業会計上の仕訳（翌期）

4/10	寄附金	100,000円	仮払金	100,000円
④ 4/20	未払金	100,000円	現金	100,000円
⑤ 4/30	支払手形	100,000円	現金	100,000円

〇が税務上，支出寄附金として扱う日

→会計上の寄附金とずれる…税務調整（別表四）

4 寄附金の損金算入限度額

(1) 寄附金の区分

　法人税法が定める寄附金として支出した金額（支出寄附金の額）のうち，国等に対する寄附金や日本赤十字社のような特定公益増進法人等に対する寄附金は，公共性や公益性の観点から，これらに該当しないその他の寄附金（一般の寄附金）と比較し，全額損金算入や損金算入限度額が大きくなるような取扱いがされている。

　なお，グループ法人税制や移転価格税制との関係で，完全支配関係法人間の寄附金や国外関連者に対する寄附金については，全額損金不算入となる。

法法37②，措法66の4③

(2) 指定寄附金等の損金算入

　国等に対する寄附金は，その公共性から全額損金算入としている。

　また，公益社団法人等の公益を目的とする事業を行う法人又は団体に対する寄附金のうち，広く一般に募集されるもの及び公益の増進に寄与するための支出で緊急を要するものに充てられることが確実であるものという要件を満たすと認められるものとして財務大臣が指定した寄附金（**指定寄附金**）も，その目的等から，全額損金算入としている。

法法37③

(3) 一般の寄附金（その他の寄附金）の損金算入限度額

　一般の寄附金（その他の寄附金）については，次の資本基準額と所得基準額により，損金算入限度額を算出する。

法令73

① 資本基準額＝（期末資本金の額＋期末資本準備金の額）

$$\times \frac{当期の月数}{12} \times \frac{2.5}{1,000}$$

② 所得基準額 ＝ 所得の金額 × $\dfrac{2.5}{100}$

＊所得の金額は，寄附金の額の全額を損金の額に算入しないものとして計算するものと規定されているため［所得の金額＝仮計の金額＋支出寄附金の額］となる。

③ 損金算入限度額 ＝ （資本基準額＋所得基準額）× $\dfrac{1}{4}$

＊資本金のない法人は，所得の金額 × $\dfrac{1.25}{100}$ となる。

⑷ 特定公益増進法人等に対する寄附金の損金算入限度額

法法37④

公共法人や公益法人等のうち，教育又は科学の振興，文化の向上，社会福祉への貢献その他公益の増進に著しく寄与するものとして次に示された法人等を**特定公益増進法人等**としている。特定公益増進法人等に対する寄附金については，一般の寄附金（その他の寄附金）の損金算入限度額とは別枠で特別損金算入限度額の範囲内で損金の額に算入される。

法法37⑨⑩

なお，この適用を受けるためには，確定申告書に所定の明細の記載をすること及び所定の証明書類の保存が要件であり，この記載金額が限度となる。

特定公益増進法人等の例示（法令77，措法66の11の3②）

- ●独立行政法人
- ●地方独立行政法人
- ●自動車安全運転センター
- ●日本司法支援センター
- ●日本私立学校振興・共済事業団
- ●日本赤十字社
- ●福島国際研究教育機構
- ●公益社団法人
- ●公益財団法人
- ●学校法人
- ●社会福祉法人
- ●更生保護法人
- ●認定特定非営利活動法人

法令77の2

特定公益増進法人等に対する寄附金は，次の資本基準額と所得基準額により，損金算入限度額を算出する。なお，特定公益増進法人等に対する寄附金が，特別損金算入限度額を超えるときは，その超えた部分の金額は一般の寄附金（その他の寄附金）

として取り扱う。

① 資本基準額＝（期末資本金の額＋期末資本準備金の額）

$$\times \frac{当期の月数}{12} \times \frac{3.75}{1,000}$$

② 所得基準額＝所得の金額$\times \frac{6.25}{100}$

③ 特別損金算入限度額＝（資本基準額＋所得基準額）$\times \frac{1}{2}$

＊資本金のない法人は，所得の金額$\times \frac{6.25}{100}$となる。

上記，①〜③の計算は，基本的に一般の寄附金（その他の寄附金）と同じであり，割合が異なるのみである。

設例5-3 習志野株式会社（期末資本金の額45,000,000円，期末資本準備金の額5,000,000円）が支出した当期（自令和6年4月1日 至令和7年3月31日）の寄附金に関する事項は次のとおりである。調整すべき金額を計算しなさい。

なお，仮計の金額は，20,000,000円である。

① 政治団体に対する寄附金 4,000,000円

② 日本赤十字社（特定公益増進法人等）に対する寄附金 1,800,000円

③ 市立中学校に対する寄附金 1,000,000円

■ 解 答

(1) **支出寄附金の額**

① 指定寄附金等 1,000,000円

② 特定公益増進法人等に対する寄附金 1,800,000円

③ その他の寄附金 4,000,000円

④ 合計 ①＋②＋③＝ 6,800,000円

(2) **寄附金支出前所得金額**

20,000,000円＋6,800,000円＝26,800,000円

(3) **損金算入限度額**

① 資本基準額

$(45,000,000円＋5,000,000円) \times \frac{12月}{12} \times \frac{2.5}{1,000} = 125,000円$

② 所得基準額

$26,800,000円 \times \frac{2.5}{100} = 670,000円$

③ 損金算入限度額

$$(① + ②) \times \frac{1}{4} = 198{,}750円$$

(4) **特別損金算入限度額**

① 資本基準額

$$(45{,}000{,}000円 + 5{,}000{,}000円) \times \frac{12月}{12} \times \frac{3.75}{1{,}000} = 187{,}500円$$

② 所得基準額

$$26{,}800{,}000円 \times \frac{6.25}{100} = 1{,}675{,}000円$$

③ 特別損金算入限度額

$$(① + ②) \times \frac{1}{2} = 931{,}250円$$

(5) **損金不算入額**

6,800,000円 − 1,000,000円 − 931,250円（注）− 198,750円 = 4,670,000円

（注）931,250円　＜　1,800,000円　　∴931,250円

■ **解　説**

　損金不算入額の計算では，特別損金算入限度額と特定公益増進法人等への寄附金との比較をし，いずれか低い金額を求める。これにより，特定公益増進法人等への寄附金のうち特別損金算入限度額を超えた部分を，その他の寄附金として損金算入限度額まで損金算入する計算となる。

Training

5-1 ◆ 文章問題

次の各文章の空欄に適切な語句を記入しなさい。

1. 寄附金の額は，寄附金，拠出金，見舞金その他いずれの名義をもってするかを問わず，　ア　その他の資産又は　イ　の贈与又は無償の供与等をした場合におけるその贈与時や供与時の　ア　の額や　イ　等の価額とされる。

(解答欄)

ア		イ	

5-2 ◆ 計算問題（2級第111回第3問一部改題）

内国法人である甲株式会社（以下「甲社」という。）は，卸売業を営む非同族会社であり，当期（自令和6年4月1日　至令和7年3月31日）末の資本金の額は30,000,000円，資本準備金の額は12,000,000円である。

甲社の当期における確定申告書に記載すべき課税標準である所得の金額を計算しなさい。

＜資料＞

1. 確定した決算による当期利益の額　　　　　　　　　　　　　　53,758,950円

2. 所得金額の計算上税務調整を検討する事項

　寄附金に関する事項は次のとおりである。

(1) 当期において損金経理により寄附金勘定に計上した金額の内訳は次のとおりである。

　　① 宗教法人に対する寄附金（広く一般に募集されるものではない）　750,000円

　　② 特定公益増進法人に対する寄附金　　　　　　　　　　　　　　2,000,000円

　　③ 県立図書館に対する寄附金　　　　　　　　　　　　　　　　　200,000円

(2) 前期において未払処理した寄附金150,000円（その他の寄附金に該当し，前期に適正な税務調整がなされている。）を当期において精算し，次の仕訳処理をしている。

　　　（借方）未払金　　150,000円　　／　　（貸方）現　金　　150,000円

（解答欄）

別表四

区　　　　　　　　　　　　分		金　　　額
当　　期　　利　　益		円
加算		
	小　　　　計	
減算		
	小　　　　計	
仮　　　　　　　計		
合　計　・　差　引　計　・　総　計		
所　　得　　金　　額		

所得金額の計算過程

寄附金	(1)　支出寄附金の額 　①　指定寄附金等 　②　特定公益増進法人等に対する寄附金 　③　その他の寄附金 　④　合　計 　　　①　＋　②　＋　③　＝ (2)　寄附金支出前所得金額 (3)　損金算入限度額 　①　資本基準額 　②　所得基準額

③　損金算入限度額

(4)　特別損金算入限度額
　①　資本基準額

　②　所得基準額

　③　特別損金算入限度額

(5)　損金不算入額

考えてみよう

　寄附金の損金不算入の趣旨を整理し，子会社救済の場合等の寄附金の取扱いについてその理由を含めて考察しなさい。

Column 4　法律や政令等の関係
....

　憲法84条では，「あらたに租税を課し，又は現行の租税を変更するには，法律又は法律
の定める条件によることを必要とする。」とし，租税は法律によって定めることを要求し
ており，これを租税法律主義という。

　法人税については，法人税法という法律により定められている。これは日本の唯一の立
法機関である国会により定められたものである。しかし，法人税についてすべてが法人税
法で定められているわけでない。具体的な内容については政令（法人税法施行令）や省令
（法人税法施行規則）が定められている。政令とは内閣が制定する命令であり，省令とは
各省の大臣が制定する命令（法人税法施行規則であれば財務大臣が制定する）である。

　さらに，詳細な取扱いについては通達（法人税基本通達等）で示されているものも多い。
通達は，法令（法律や政省令）と異なり，法源がなく，上級機関が下級機関に法令の解釈
等を示すものである。法人税基本通達であれば，国税庁長官が，法人税の全国的に統一し
た解釈とするために作成した行政の内部文書である。実際には，国税庁のHPにも記載され
ており，最も有力な法令の解釈として利用されている。ただし，裁判の結果，この解釈に
誤りがあるとして変更されたこともあるので，法令とは異なることを意識してもらいたい。

　なお，法人税法以外にも，その特別法として租税特別措置法がある。また，各国との間
に締結した租税条約及び租税条約の実施に関する法律等や国税に関する一般的共通法とし
て国税通則法，国税徴収法及び国税犯則取締法がある。

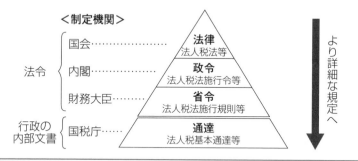

第6章

同族会社に対する課税と役員給与の損金不算入

1　同族会社に対する特別な取扱いの必要性等

　同族会社とは，会社の株主等の3人以下並びにこれらと特殊の関係のある個人及び法人（同族関係者）がその会社の発行済株式又は出資の50％を超える株式等を有する場合等におけるその会社をいう。

法法2十

　同族関係者には，株主等の親族（配偶者，6親等内の血族及び3親等内の姻族）のみではなく，株主等と事実上婚姻関係と同様の事情にある者（内縁関係にある者）等が含まれ，株主等による所有割合が50％以上である等の法人も含まれる。このように同族関係者は戸籍等の形式だけでなく，実態により判定が行われる。

法令4①②

　同族会社は，少数の株主が絶対多数の議決権を有し，実質的にその会社を支配している会社である。このため，それらの大株主を役員とし，役員給与を過大に支給する方法等を用いて，法人税の負担を回避することが考えられる。このような租税回

法法132, 67, 法令7二, 71①五, 法法34①三

◉重要条文【法人税法2条10号】

同族会社　会社（投資法人を含む。以下この号において同じ。）の株主等（その会社が自己の株式（投資信託及び投資法人に関する法律（昭和26年法律第198号）第2条第14項（定義）に規定する投資口を含む。以下同じ。）又は出資を有する場合のその会社を除く。）の3人以下並びにこれらと政令で定める特殊の関係のある個人及び法人がその会社の発行済株式又は出資（その会社が有する自己の株式又は出資を除く。）の総数又は総額の100分の50を超える数又は金額の株式又は出資を有する場合その他政令で定める場合におけるその会社をいう。

避に対し，法人税法では，同族会社に対する行為又は計算の否認，特定同族会社の特別税率（留保金課税），みなし役員の取扱い，使用人兼務役員の範囲の制限，業績連動給与の損金算入の不適用等の特別な取扱いを設けている。

　本章では，役員給与以外の同族会社に対する特別な取扱いを説明したのち，役員給与の損金不算入の説明において同族会社の役員に関する取扱いを含めて説明する。

2　同族会社に対する特別な取扱い

(1)　同族会社の判定

　同族会社の判定については，株主等について同族関係者を含めてグループに分け，持株割合又は議決権の割合の高いものから順位を付し，上位3位までの株主グループの割合の合計が50％を超えるか否かにより行う。

　なお，同族会社の判定は，行為又は計算の否認の場合には，この行為又は計算の事実のあったときの現況により，特定同族会社の特別税率（留保金課税）については，その事業年度終了の時の現況により行う。

設例6-1　成田株式会社（資本金2億円）の株主構成は次のとおりである。同社が同族会社に該当するか否かの判定を行いなさい。

株　主　氏　名	持株数	備　　考
田中一郎	500株	代表取締役
田中花子	50株	田中一郎の妻
鈴木次郎	150株	専務取締役
鈴木商事株式会社	80株	鈴木次郎が100％を保有
小野三郎	120株	常務取締役
生野愛子	40株	小野三郎の内縁関係
その他の株主	60株	10株未満の株主
合　　計	1,000株	

■ 解　答

(1)　上位3株主グループ

第1グループ：500株＋50株＝550株

第2グループ：150株＋80株＝230株

第3グループ：120株＋40株＝160株

　　合　計　　　　　　　　940株

(2)　判　定

$\dfrac{940株}{1,000株}=94\% \quad > \quad 50\% \qquad \therefore$同族会社に該当する。

■ 解　説

同族関係者の取扱いに注意すること。

(2)　行為又は計算の否認

　同族会社では，非同族会社では考えられないような経済的に不合理な行為や計算がなされることにより，不当に法人税の回避，軽減が図られるおそれがある。このため，課税上有利や不利が生じないように，税務署長が行為や計算を否認することによって真正な取引に戻し，課税所得の計算をすることができるようにされている。

法法132

　行為の否認と計算の否認の違いを例で示すと，行為の否認は，社長の息子が業務に従事した実態もないのに使用人として働いたことにして給料を払っているような場合に，業務に従事したという行為を否認することである。これに対し，計算の否認は，社長の息子が業務に従事していたが不相当に高額な給料を支払っている場合，業務に従事したという行為は否認されないが，不相当に高額な部分の給料の計算が否認される。

◉重要条文【法人税法132条1項】

　税務署長は，次に掲げる法人に係る法人税につき更正又は決定をする場合において，その法人の行為又は計算で，これを容認した場合には法人税の負担を不当に減少させる結果となると認められるものがあるときは，その行為又は計算にかかわらず，税務署長の認めるところにより，その法人に係る法人税の課税標準若しくは欠損金額又は法人税の額を計算することができる。

　一・二（略）

法法132の2，132の3

なお，この規定は**包括的否認規定**（一般的否認規定）とも呼ばれ，同族会社以外にも，組織再編成や通算法人にも同様の規定がある。

(3) 特定同族会社の特別税率（留保金課税）

① 概　要

法法67，法令139の10，140

同族会社では，所得税の税率が累進税率であることから，必要以上に配当をしないように抑制することで，株主等の所得税負担を減少しようとすることが想定される。このため，資本金の額が1億円超である法人（資本金の額が1億円以下で大法人（資本金が5億円以上の法人等）に100％支配されている会社を含む）の同族会社のうち，1の株主グループのみで50％超を支配されている法人を**特定同族会社**とし，この特定同族会社については，課税留保金額に対し，一定の特別税率を乗じた金額を通常の法人税額に加算することとしている。この課税は，利益の留保金に対する課税となるため，**留保金課税**とも呼ばれる。

② 計　算

（a）課税留保金額

　課税留保金額＝当期留保金額－留保控除額

　＊課税留保金額は千円未満切捨て

（b）特別税額

　特別税額＝課税留保金額×特別税率

留保金課税の特別税率（法法67①）

課税留保金額	特別税率
年3,000万円以下相当額	10%
年3,000万円超　年1億円以下相当額	15%
年1億円超相当額	20%

設例6-2 成田株式会社（資本金2億円）の株主構成は次のとおりである。当期（自令和6年4月1日　至令和7年3月31日）の留保金課税の特別税額を求めなさい。

なお、当期留保金額は6,000万円であり、留保控除額は2,000万円である。

株　主　氏　名	持株数	備　　　考
田中一郎	500株	代表取締役
田中花子	50株	田中一郎の妻
鈴木次郎	150株	専務取締役
鈴木商事株式会社	80株	鈴木次郎が100%を保有
小野三郎	120株	常務取締役
生野愛子	40株	小野三郎の内縁関係
その他の株主	60株	10株未満の株主
合　　　計	1,000株	

■ 解　答

(1) 留保金課税の判定

第1グループ：500株＋50株＝550株

$\dfrac{550株}{1,000株}=55\% > 50\%$

∴特定同族会社に該当するため、留保金課税の適用あり

(2) 課税留保金額

60,000,000円－20,000,000円＝40,000,000円（千円未満切捨て）

(3) 特別税額

① 年3,000万円以下相当額

$30,000,000円×\dfrac{12月}{12}×10\%=3,000,000円$

② 年3,000万円超1億円以下相当額

$40,000,000円－30,000,000円×\dfrac{12月}{12}=10,000,000円$

$10,000,000円×15\%=1,500,000円$

③ ①＋②＝4,500,000円

■ 解　説

課税留保金額及び特別税額は、別表一の以下の場所に表示する。

別表一

	金　　額	備　　　考
所得金額	××××× 円	千円未満切捨て

法人税額	×××××	
課税留保金額	40,000,000	千円未満切捨て
同上に対する税額	4,500,000	
法人税額計	×××××	
控除税額	×××××	
差引所得に対する法人税額	×××××	百円未満切捨て
中間申告分の法人税額	×××××	
差引確定法人税額	×××××	

3　役員に対する給与の取扱い

(1)　意　義

　会社の取締役等の役員は，会社の経営方針を決定する役割を担っている。役員に対する給与も会社に必要な費用であり，基本的に損金の額に算入すべきものである。しかし，役員の給与も経営方針の1つとして役員自身が決める手続きとなることから，役員が自由に決めるいわゆるお手盛りで決められる可能性がある。このため，法人税法では，役員に対する給与等については毎期同額の支払いである等の一定のものを除き損金不算入とする。

　また，所有と経営が分離している上場企業等では，会社の所有者である株主と，会社の経営を担う経営者（役員）が分離しているため，役員の選任や役員報酬（役員給与）等を役員が不当に高額にすること等は株主総会等においてチェックを受けることになると考えられる。しかし，株主と役員が一致するような同族会社ではこのようなチェック体制（コーポレートガバナンス）が機能しないことが想定され，実質的に経営に関与する役員の親族を職制上使用人とすることにより，役員給与の損金不算入の適用を逃れようとすることが想定される。そこで，法人税法

では，みなし役員の取扱いや使用人兼務役員の範囲の制限等の
取扱いを設けて対処することとしている。

(2)　役員等の範囲

①　形式上の役員とみなし役員

法人税法では，法人の取締役，執行役，会計参与，監査役，
理事，監事及び清算人並びにこれら以外の者で法人の経営に従
事している者のうち特定のものを役員としている。

法人税法上の役員には，会社法等の形式に従った役員（取締
役等）だけでなく，次のような者を**みなし役員**として役員に含
めている。

(a) 法人の使用人（職制上使用人としての地位のみを有する者
　　に限る）以外の者でその法人の経営に従事しているもの

　　　これには，相談役，顧問等でその法人内における地位や
　　職務等からみて他の役員と同様に実質的に法人の経営に従
　　事していると認められるものが該当する。

(b) 同族会社の使用人（職制上使用人としての地位のみを有す
　　る者に限る）のうち，次の3要件のすべてを満たしている
　　者で，その会社の経営に従事しているもの

　　(イ) **50％超基準**

　　　　その使用人の属する株主グループが，持株割合50％超
　　　に達するまでの範囲内の上位3位以内の株主グループで
　　　あること

　　(ロ) **10％超基準**

　　　　その使用人の属する株主グループの持株割合が10％を
　　　超えていること

　　(ハ) **5％超基準**

　　　　その使用人（その配偶者及びこれらの者の持株割合が
　　　50％超となる他の会社を含む）の持株割合が5％を超えて
　　　いること

法法2十五，法令
7

②　使用人兼務役員

　使用人兼務役員とは，役員のうち部長，課長等の使用人としての職制上の地位を有し，かつ，常時使用人としての職務に従事するものをいう。法人税法上，使用人兼務役員の使用人分賞与等は他の使用人と同様に損金の額に算入される等，役員のみの者とは取扱いが異なる。このため，法人税法では，次に掲げる者は使用人兼務役員として認めない。

法法34⑥，法令71

- (a) 代表取締役，代表執行役，代表理事及び清算人
- (b) 副社長，専務，常務その他これらに準ずる職制上の地位を有する役員
- (c) 合名会社，合資会社及び合同会社の業務を執行する社員
- (d) 取締役（指名委員会等設置会社の取締役及び監査等委員である取締役に限る），会計参与及び監査役並びに監事
- (e) 同族会社の役員のうち，みなし役員における3要件（50%超基準，10%超基準，5%超基準）のすべてを満たしている者

設例6-3　取手株式会社（資本金5,000万円）の株主構成等は次のとおりである。これに基づいて当社の同族会社の判定を行い，また，役員の判定及び使用人兼務役員の可否の判定を行いなさい。

株　主　氏　名	持株数	備　　　考
佐々木太郎	2,400株	代表取締役
佐々木花子	800株	佐々木太郎の妻，専務取締役
佐々木一郎	1,200株	佐々木太郎の長男，経理部長
加藤庫平	1,800株	監査役
加藤純平	1,400株	加藤庫平の長男，取締役総務部長
佐野治	800株	相談役（経営に従事していない）
佐野治虫	1,700株	佐野治の次男，取締役工場長
田中一	1,500株	非常勤取締役
木下株式会社	3,000株	非同族会社
その他の株主	5,400株	いずれも100株以下のものである。
合　　　計	20,000株	

(注) 佐野治虫及び加藤純平は，取手株式会社の使用人としての職制上の地位を有し，常時使用人として職務に従事している。また，佐々木一郎は，会社の経営に関与していると認められるものとする。

■ 解　答

(1)　上位3株主グループの株式

第1グループ：2,400株＋800株＋1,200株＝4,400株

第2グループ：1,800株＋1,400株　　　＝3,200株

第3グループ：　　　　　　　　　　　　3,000株

合計　　　　　　　　　　　　　　　　10,600株

(2)　同族会社の判定

$\dfrac{10,600株}{20,000株}=53\%　＞　50\%　\therefore　同族会社に該当する。$

(3)　税法上のみなし役員及び使用人兼務役員の判定

	50%超基準	10%超基準	5%超基準	税法上の役員に該当する者	使用人兼務役員に該当する者
佐々木太郎	○	○	○	○	－
佐々木花子	○	○	○	○	－
佐々木一郎	○	○	○	○	－
加藤庫平	○	○	○	○	－
加藤純平	○	○	○	○	×
佐野治	－	－	－	×	－
佐野治虫	×	－	－	○	○
田中一	×	－	－	○	－

■ 解　説

　佐々木一郎は，経営に従事しており，3要件を満たすのでみなし役員となる。

　佐野治は，経営に従事していないので，役員の判定の対象に入れない。

　佐野治虫は，50%基準を満たさないので使用人兼務役員になり，加藤純平は3要件を満たすので使用人兼務役員になれない。

(3)　役員給与の損金不算入

①　支給方法等による損金不算入

　役員給与（債務の免除による利益その他の経済的な利益を含む）のうち，次の給与以外は損金の額に算入しない。

法法34①④，法令69

(a) **定期同額給与**（その支給時期が1月以下の一定の期間ごとである給与で，その事業年度の各支給時期における支給額が同額であるものその他これに準ずるものとして一定の給与をいう）

(b) **事前確定届出給与**（その役員の職務につき所定の時期に，確定した金銭又は確定した数の株式若しくは新株予約権を交付する旨の定めに基づいて支給する給与（定期同額給与及び業績連動給与を除き，同族会社以外の内国法人が定期給与を支給しない役員に対して支給する給与以外の給与については所定の期限までに納税地の所轄税務署長にその定めの内容の届出をしているもの及び適格株式若しくは適格新株予約権であるもの））

(c) **業績連動給与**（非同族会社及び同族会社以外の法人との間にその法人による完全支配関係がある同族会社の業務執行役員に対して支給する業績連動給与で，算定方法が有価証券報告書に記載される利益の状況を示す指標等を基礎とした客観的なもので一定の要件を満たすもの）

(d) 退職給与で業績連動給与に該当しないもの

(e) 新株予約権による給与で事前確定届出給与又は業績連動給与に該当しないもの

(f) 使用人兼務役員の使用人分給与

② 不相当に高額な場合の損金不算入

法法34②

法法36，法令72

役員給与のうち，不相当に高額であると認められる場合には，その不相当に高額な部分は損金の額に算入しない。なお，特殊関係使用人（役員の親族，内縁の配偶者や役員から生計の支援を受けているもの等）に対して支給する給与についても，役員給与に対する規制を形骸化しないように，不相当に高額な部分の金額は損金の額に算入しない。

⊙**重要条文【法人税法34条1項】**

内国法人がその役員に対して支給する給与（退職給与で業績連動給与に該当しないもの，使用人としての職務を有する役員に対して支給する当該職務に対するもの及び第3項の規定の適用があるものを除く。以下この項において同じ。）のうち次に掲げる給与のいずれにも該当しないものの額は，その内国法人の各事業年度の所得の金額の計算上，損金の額に算入しない。

一～三（略）

③ 不正支給の給与

役員給与が，事実を隠蔽し又は仮装して経理をすることによ　**法法34③**
り支給される場合には，その役員給与は損金の額に算入しない。

設例6-4 当期に支給した役員給与の額は毎月6,000,000円であるが，定時株主総会により決議された役員報酬の総額は70,000,000円である。役員給与の損金不算入額を計算しなさい。

■解　答

役員給与の損金不算入額

6,000,000円×12月＝72,000,000円（年額）

72,000,000円－70,000,000円＝2,000,000円

■解　説

それぞれの役員に1月以下の期間ごとに同額が支給されているのであれば定期同額給与に該当し，損金算入することができる支給方法となる。しかし，このような支給方法によっていたとしても，不相当に高額な場合には，損金不算入となる取扱いがある。

不相当に高額な場合は，実質基準（その役員の職務の内容等に照らし役員報酬として相当であると認められる金額により判定）と形式基準（定款の規定又は株主総会の決議で定めた役員報酬の総額により判定）が考慮され，この設例では形式基準による70,000,000円を超える部分が損金不算入となる。

Training

6-1 ◆文章問題

次の各文章の空欄に適切な語句を記入しなさい。

1. 同族会社とは，会社の株主等（その会社が自己の株式又は出資を有する場合のその会社を除く。）の　ア　以下並びにこれらと特殊の関係のある個人及び法人がその会社の発行済株式又は出資（その会社が有する自己の株式又は出資を除く。）の総額又は総額の　イ　を超える数又は金額の株式又は出資を有する場合その他一定の場合におけるその会社をいう。（2級108回1-1, 102回1-3）

2. 株主等とは，株主又は合名会社，合資会社若しくは合同会社の　ウ　その他法人の出資者をいう。（2級111回1-6）

3. 役員とは，法人の取締役，　エ　，会計参与，監査役，理事，監事及び清算人並びにこれら以外の者で法人の　オ　に従事している者のうち特定のものをいう。（2級104回1-5, 97回1-4）

4. 使用人兼務役員とは，役員（社長，理事長その他特定のものを除く。）のうち，　カ　，課長その他法人の使用人としての職制上の地位を有し，かつ，常時使用人としての　キ　に従事するものをいう。（3級98回1-2）

5. 内国法人がその役員に対して支給する給与のうち，　ク　，事前確定届出給与，業績連動給与のいずれにも該当しないものの額は，その内国法人の各事業年度の所得金額の計算上，原則として損金の額に算入　ケ　。（2級107回1-4）

6. 定期同額給与とは，その支給時期が　コ　以下の一定の期間ごとである給与で，その事業年度の各支給時期における支給額が　サ　であるものその他これに準ずるものとして一定の給与をいう。（2級99回1-3）

7. 　シ　とは，その役員の職務につき所定の時期に確定した金銭等を支給する旨の定めに基づいて支給する給与（　ス　給与及び業績連動給与を除き，同族会社以外の内国法人が定期給与を支給しない役員に対して支給する給与以外の給与については所定の期限までに納税地の　セ　に届出をしているものに限る。）をいう。（1級94回1-1改題）

（解答欄）

ア		イ		ウ		エ	
オ		カ		キ		ク	
ケ		コ		サ		シ	
ス		セ					

6-2 ◆計算問題

　内国法人である甲株式会社（以下「甲社」という。）は，卸売業を営んでおり，当期（自令和6年4月1日　至令和7年3月31日）末の資本金の額は150,000,000円である。

　甲社の当期における確定申告書に記載すべき課税標準である所得の金額及び差引確定法人税額を計算しなさい。

＜資料＞

1．確定した決算による当期利益の額　　　　　　　　　　　　　　90,000,000円

2．所得金額及び法人税額の計算上税務調整を検討する事項

　⑴　甲社の株主構成は次のとおりである。

株　主　氏　名	持株数	備　　　　考
A野一郎	600株	代表取締役
A野　勝	100株	A野一郎の長男，営業部長
B杉謙信	180株	専務取締役
C田信玄	120株	監査役
合　計	1,000株	

　⑵　当期留保金額は75,000,000円であり，留保控除額は20,000,000円である。

　⑶　A野勝は，会社の経営に関与していると認められるものであり，毎月の定額の給料の他に賞与として5,000,000円を受けている。

　⑷　A野一郎に対する給与のうち，10,000,000円は不相当に高額な給与と認められる。

（解答欄）

別表四

区　　　　　　　　　　　　分	金　　額
当　　期　　利　　益	円
加算	
小　　　　計	
減算	
小　　　　計	
仮　　　　　　　　計	
合　計・差　引　計・総　計	
所　　得　　金　　額	

所得金額の計算過程

同族会社の判定	(1)　上位3株主グループの株数 　　第1グループ（A野一郎＋A野　勝）： 　　第2グループ（B杉謙信）： 　　第3グループ（C田信玄）： 　　　合　計 (2)　同族会社の判定 　　　　　　　　　　　　　　　　　　　∴
役員給与	(1)　役員の判定 | 氏　名	50%超基準	10%超基準	5%超基準	役員の判定 | |---|---|---|---|---| | | | | | | (2)　役員給与の損金不算入額

別表一

	金　　額	備　　考
所得金額	円	
法人税額		
課税留保金額		
同上に対する税額		
法人税額計		
控除税額		
差引所得に対する法人税額		
中間申告分の法人税額		
差引確定法人税額		

法人税額の計算過程

法人税額	
課税留保金額に対する税額	(1)　留保金課税の判定 　　第1グループ： 　　　　　　　∴ (2)　課税留保金額 (3)　特別税額 　　①　年3,000万円以下相当額 　　②　年3,000万円超1億円以下相当額 　　③　①　＋　②　＝

74 ◆

6-3 ◆**計算問題**（2級第108回第3問一部改題）

　内国法人である甲株式会社（以下「甲社」という。）は，卸売業を営む非同族会社であり，当期（自令和6年4月1日　至令和7年3月31日）末の資本金の額は20,000,000円である。

　甲社の当期における確定申告書に記載すべき課税標準である所得の金額を計算しなさい。

<資料>

1．確定した決算による当期利益の額　　　　　　　　　　　　　　　50,000,000円
2．所得金額の計算上税務調整を考慮すべき金額

　　当期において損金経理により支給した役員給与の額は毎月3,300,000円，総額39,600,000円であるが，定時株主総会により決議された役員報酬の総額は37,000,000円である。

別表四

区　　　　　　　　　　分		金　　額
当　　期　　利　　益		円
加算		
	小　　　　計	
減算		
	小　　　　計	
仮　　　　　　　計		
合　計・差　引　計・総　計		
所　　得　　金　　額		

所得金額の計算過程

役員給与	(1)　損金不算入額

考えてみよう

(1)　同族会社に対する特別な取扱いについて，その意義を含め各制度を整理しなさい。

(2)　法人税法では役員給与について，原則損金不算入とした上で，損金算入を認める場合を列挙している。この規定の方法に関する問題点を考察しなさい。

租 税 公 課

1 租税公課の取扱いと損金不算入の理由

　法人が支払う租税公課については，基本的には損金の額に算入されるため，税務調整は不要である。しかし，租税政策上の観点から，特定の租税公課は損金の額に算入しない。

法法38①②，40，41，55③④

租税公課における損金算入・不算入の区別

損金算入される租税公課	損金不算入となる租税公課等
● 消費税・地方消費税	● 法人税，地方法人税
● 法人事業税，特別法人事業税	● 住民税（道府県民税，市町村民税）
● 固定資産税	● 附帯税等，過怠税
● 印紙税	● 延滞税，延滞金（納期限延長分を除く）
● 酒税	● 税額控除の適用を受ける所得税額・復興特別所得
● 利子税	税額
● 延滞金（納期限延長分）	● 税額控除の適用を受ける控除対象外国法人税額
● 軽油引取税	● 罰金，科料，過料，交通反則金，課徴金

⊙重要条文【法人税法38条1項】

　内国法人が納付する法人税（延滞税，過少申告加算税，無申告加算税及び重加算税を除く。以下この項において同じ。）の額及び地方法人税（延滞税，過少申告加算税，無申告加算税及び重加算税を除く。以下この項において同じ。）の額は，第1号から第3号までに掲げる法人税の額及び第4号から第6号までに掲げる地方法人税の額を除き，その内国法人の各事業年度の所得の金額の計算上，損金の額に算入しない。

　一～六（略）

(1)　法人税及び住民税

　法人税法における所得の計算に法人税額及び住民税額を損金算入するとした場合，法人の所得が循環的に増減し，各期の所得にばらつき（波動）が生じることになる。このため，損金の額に算入しないこととしている。

法人税額を損金算入した場合の税額の波動

	I	II	III	IV	V
法人税控除前の課税所得金額	100	100	100	100	100
法人税控除後の課税所得金額	100	50	75	62	69
法人税額（50%）	50	25	38	31	35

＊II年度の「法人税控除後の課税所得金額」は，「控除前所得金額100」からI年度の「法人税額50」を差し引いて求めた金額である。III年度以降も同様に計算。
（出典）武田隆二『法人税法精説　平成17年版』森山書店，557頁，一部修正

(2)　附帯税等

通法2四
法法55

　不正行為等に係る費用等は損金不算入とされているため，各種の加算税（国税に係る過少申告加算税，不申告加算税，不納付加算税，重加算税）や各種の加算金（地方税法の規定による過少申告加算金，不申告加算金，重加算金）も損金の額に算入されない。なお，国税のうち延滞税，利子税，過少申告加算税，無申告加算税，不納付加算税及び重加算税を**附帯税**という。

　また，印紙税に係る過怠税（印紙税の納付をしなかった場合，当初に納付すべき印紙税の額の3倍に相当する過怠税が徴収される）も，損金の額に算入されない。

　さらに，延滞税や延滞金については，納期限の延長によるものは損金算入されるが，それ以外のものは損金の額に算入されない。

(3)　罰金等

法基通9-5-8

　罰金，科料，過料，交通反則金及び課徴金も，不正行為等に

係る費用等として損金の額に算入されない。なお，法人がその
役員又は使用人に対して課された罰金等を負担した場合につい
て，その罰金等が法人の業務の遂行に関連してされた行為等に
対して課されたのであれば損金不算入の取扱いとなるが，会社
の業務に関連しないのであれば，その役員又は使用人に対する
給与として取り扱われる。

Advance　簿外経費の否認

　令和4年度税制改正により，隠蔽仮装行為に基づき確定申告書を提出した場合
や確定申告書を提出していなかった場合には，これらの確定申告書に係る事業年
度の原価の額（資産の取得に直接に要した一定の額を除く），費用の額及び損失の
額は，その法人が法人税法の規定により保存する帳簿書類によりその原価の額，
費用の額又は損失の額の基因となる取引が行われたこと及びこれらの額が明らか
である場合等の一定の場合に該当するその原価の額，費用の額又は損失の額を除
き，その法人の各事業年度の所得の金額の計算上，損金の額に算入しないことと
された（法令111の4）。

　この一定の場合には，保存する帳簿書類等により売上原価の額や費用の額の基
因となる取引が行われたこと及びこれらの額が明らかである場合，売上原価の額
又は費用の額の基因となる取引の相手方が明らかである場合，その他その取引が
行われたことが明らかであり又は推測される場合で調査等により税務署長がその
取引が行われこれらの額が生じたと認める場合，が該当することとされている。

---

(4)　法人税額から控除される所得税額等

　所得税や外国法人税について税額控除の適用を受ける場合は，
所得の計算（別表四）において損金不算入とした上で，税額の
計算（別表一）において税額控除する。なお，税額控除を受け
ないのであれば，損金算入が認められる。

法法68①，40，41

2　租税の損金算入時期

　損金算入される租税については，次の区分に応じ，それぞれ

法基通9-5-1

次に定める事業年度の損金の額に算入する。

租税の損金算入時期

租税の種類	損金算入時期
申告納税方式による租税	納税申告書に記載された税額についてはその納税申告書が提出された日の属する事業年度とし，更正又は決定に係る税額についてはその更正又は決定があった日の属する事業年度
賦課課税方式による租税	賦課決定のあった日の属する事業年度（ただし，法人が，その納期の開始の日の属する事業年度又は実際に納付した日の属する事業年度において損金経理をした場合には，その事業年度）
特別徴収方式による租税	納入申告書に係る税額についてはその申告の日の属する事業年度とし，更正又は決定による不足税額についてはその更正又は決定があった日の属する事業年度
利子税及び納期限の延長の場合の延滞金	納付の日の属する事業年度（ただし，法人がその事業年度の期間に係る未納の金額を損金経理により未払金に計上したときのその金額については，その損金経理をした事業年度）

　　例えば，法人事業税は申告納税方式による租税であるので，申告書が提出された日の属する事業年度において損金算入されることになる。このため，当期の中間申告については当期の損金の額に算入されるが，当期の確定申告について法人税の計算上は翌期の損金の額に算入されることとなる。

設例7-1　鎌ヶ谷株式会社の当期（自令和6年4月1日　至令和7年3月31日）の租税公課等に関する事項は次のとおりである。所得金額の計算（別表四の作成）をしなさい。

(1) 確定した決算における当期利益の額　　　　60,000,000円
(2) 所得金額の計算上税務調整を検討する事項
　① 損金経理をした法人税　　　　20,000,000円（中間申告分）
　② 損金経理をした住民税　　　　3,000,000円（中間申告分）
　③ 損金経理をした納税充当金　　28,000,000円
　④ 損金経理をした印紙税の過怠税　12,000円
　⑤ 納税充当金から支出した事業税等の金額　6,500,000円
　⑥ 損金経理をした固定資産税　　1,000,000円

⑦ 損金経理をした固定資産税の延滞金   11,300円
⑧ 損金経理をした交通反則金   15,000円
⑨ 法人税額から控除される所得税額   160,000円

■ 解 答

別表四

区 分		金 額
当 期 利 益		60,000,000 円
加	損金経理をした法人税	20,000,000
	損金経理をした住民税	3,000,000
	損金経理をした納税充当金	28,000,000
	損金経理をした附帯税，加算金，延滞金及び過怠税	23,300
算	損金経理をした罰金等	15,000
	小 計	51,038,300
減算	納税充当金から支出した事業税等の金額	6,500,000
	小 計	6,500,000
仮 計		104,538,300
法人税額から控除される所得税額		160,000
合 計 ・ 差 引 計 ・ 総 計		104,698,300
所 得 金 額		104,698,300

■ 解 説

印紙税の過怠税と固定資産税の延滞金は合算して表示する。

租税公課等のうち，損金の額に算入されるもの（固定資産税，税務調整なし）と損金の額にされないものを区分する。

3 納税充当金

法人税の実務（特に別表の記載）では，企業会計における未払法人税等を納税充当金として処理することが一般的である。納税充当金（未払法人税等）の計上では，設例7-2のような仕訳と税務調整が想定される。

設例7-2 四街道株式会社の当期（自令和6年4月1日　至令和7年3月31日）の租税公課等に関する事項は次のとおりである。企業会計上それぞれ次の仕訳を行ったとした場合，法人税法において必要となる税務調整を示しなさい。

(1) 当期の5月31日に昨年度にかかる確定申告書を提出した。なお，前期分の確定申告における未払法人税等の金額は6,400,000円（法人税5,000,000円，住民税900,000円，法人事業税500,000円）であり，現金で納付した。

(借) 未払法人税等　　6,400,000円　　　(貸) 現　金　　　　6,400,000円

(2) 当期の11月30日に中間申告書を提出した。なお，中間申告により法人税4,000,000円，住民税720,000円，法人事業税400,000円を現金で納付した。なお，当社では，税額の総額を租税公課で会計処理している。

(借) 租税公課　　　　5,120,000円　　　(貸) 現　金　　　　5,120,000円

(3) 当期の3月31日付で決算整理を行った。当期分の未払法人税等の金額は7,680,000円（法人税6,000,000円，住民税1,080,000円，法人事業税600,000円）であった。

(借) 租税公課　　　　7,680,000円　　　(貸) 未払法人税等　7,680,000円

■ 解　答
(1) 納税充当金から支出した事業税等の金額　500,000円（減算調整）
(2) 損金経理をした中間納付の法人税　4,000,000円（加算調整）
　　損金経理をした中間納付の住民税　720,000円（加算調整）
(3) 損金経理をした納税充当金　7,680,000円（加算調整）

■ 解　説
(1) **当期5月31日**（法人税法で想定される仕訳）

(借) 納税充当金　　　　　5,900,000円　　　(貸) 現金　　　　6,400,000円
　　（未払法人税等）
　　租税公課（損金の額）　500,000円

＊法人事業税は確定申告書を提出した当期の損金の額に算入する。なお，企業会計において費用処理されていないため，「納税充当金から支出した事業税等の金額」として減算調整（社外流出）する。なお，法人税や住民税は，企業会計でも費用処理せず，法人税法でも損金不算入のため税務調整なし。

(2) **当期11月30日**（法人税法で想定される仕訳）

(借) 損金不算入　　　　　4,720,000円　　　(貸) 現金　　　　5,120,000円
　　租税公課（損金の額）　400,000円

＊企業会計において全額を費用処理しているが，法人税や住民税は損金不算入である。このため，「損金経理をした中間納付の法人税」「損金経理をした中間納付の住民税」として加算調整（留保）する。

(3)　**当期3月31日**（法人税法で想定される仕訳）

（借）損金不算入　　　　　7,680,000円　　（貸）納税充当金　　　7,680,000円
　　　　　　　　　　　　　　　　　　　　　　　　（未払法人税等）

＊企業会計において費用処理しているが，法人税や住民税は損金不算入である。また，法人事業税は確定申告書の提出が翌期となるため，翌期の損金に算入され，当期では損金不算入となる。このため，全額を「損金経理をした納税充当金」として加算調整（留保）する。

■ 参　考

　企業会計上，損益計算書に「法人税，住民税及び事業税」で表示されるため，租税公課という科目で仕訳をしないことも考えられる。しかし，税理士試験や法人税法能力検定（1級）においては租税公課の資料として出題されることがあり，租税公課による処理を前提としていることが考えられる。

法人事業税の申告書の提出と損金算入時期

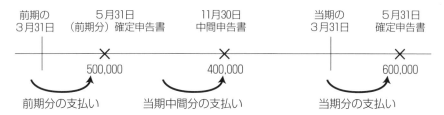

当期の仕訳

5月31日	納税充当金	500,000円	現金	500,000円
11月30日	租税公課	400,000円	現金	400,000円
3月31日	租税公課	600,000円	納税充当金	600,000円

◯印が事業税の税務上の損金算入時期

4 還付金等

法法26
　　　損金の額に算入されない法人税等の還付を受けた場合又は未納の税金に充当された場合は，その還付金額又は充当金額は，益金の額に算入しない。

　　　なお，還付加算金や利子税の還付金は，益金の額に算入される取扱いになっている。

Training

7-1 ◆文章問題

次の各文章の空欄に適切な語句を記入しなさい。

1．内国法人が納付する ┃ ア ┃ （延滞税，過少申告加算税，無申告加算税及び重加算税を除く。）の額及び ┃ イ ┃ （延滞税，過少申告加算税，無申告加算税及び重加算税を除く。）の額は，その内国法人の各事業年度の所得の金額の計算上，損金の額に算入しない。

（解答欄）

ア		イ	

7-2 ◆計算問題 （2級第111回第3問一部改題）

内国法人である甲株式会社（以下「甲社」という。）は，卸売業を営む非同族会社であり，当期（自令和6年4月1日　至令和7年3月31日）末の資本金の額は30,000,000円である。

甲社の当期における確定申告書に記載すべき課税標準である所得の金額を計算しなさい。

<資料>

(1) 確定した決算による当期利益の額　　　　　　　　　　　　　32,956,000円

(2) 所得金額の計算上税務調整を検討する事項

　① 納税充当金の当期中の増減状況は次のとおりである。

　　前期において損金経理により引き当てた納税充当金の期首残高は20,000,000円（内訳は法人税12,000,000円，住民税3,000,000円，事業税5,000,000円）であり，そ

れぞれ納付する時に全額を取り崩している。期中に損金経理により引き当てた納
税充当金の期末残高は16,000,000円である。

②　当期中間分の法人税5,230,000円，住民税1,510,000円，事業税4,370,000円は，損
　金経理により租税公課勘定に計上している。なお，地方法人税は考慮しないもの
　とする。

③　当期分の固定資産税3,250,000円と延滞金35,000円を納付し，損金経理により租
　税公課勘定に計上している。

（解答欄）

別表四

区　　　　　　　　分		金　　　額
当　　期　　利　　益		円
加		
算		
	小　　　　計	
減算		
	小　　　　計	
仮　　　　　　　　計		
合　計　・　差　引　計　・　総　計		
所　　得　　金　　額		

（考えてみよう）

法人税の課税所得計算における納付した法人税額の取扱いについて考察しなさい。

Column 5　国税庁，国税局及び税務署

　国税庁は，昭和24年に大蔵省（現，財務省）の外局として設置され，国税庁の下には，全国に12の国税局（沖縄国税事務所を含む），524の税務署が設置されている。また，その他にも，税務職員の教育機関である税務大学校や，特別の機関として，納税者の不服申立ての審査に当たる国税不服審判所がある。

　国税庁では，税務行政を執行するための企画・立案や税法解釈の統一を行い，国税局・税務署の指導監督を行っている。国税局では，管内の税務署を指導監督するほか，税務相談などの納税者サービスの提供，大規模・広域・困難事案の税務調査や滞納処分などを行っている。税務署は，納税者との窓口であり，第一線で国税事務を担う行政機関である。（国税庁レポート2023参照）

国税庁等の組織図

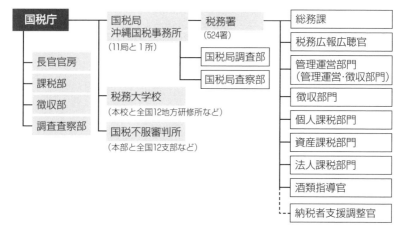

（出典）国税庁HP，https://www.nta.go.jp/about/introduction/shokai/kiko/kikou.htm，一部修正

　なお，申請書等は，基本的に法人の納税地を所轄する税務署の税務署長に提出する。しかし，規模が大きい法人等の場合には国税局や国税庁が管轄する場合もあり，これらの場合には申請書等の提出先は国税局長または国税庁長官となる。手続き規定の確認において参考にしてもらいたい。

第8章

受取配当等の益金不算入と所得税額控除

1 配当等を受け取った場合

　株式等を保有していることにより配当等を受け取った場合は，企業会計では受取配当金として営業外収益に計上する。

　法人税法上，基本的に**受取配当等**は益金不算入の取扱いになっている。また，配当等を受け取る場合，所得税等（所得税及び復興特別所得税）の源泉徴収が行われ，源泉徴収税額を控除した残額が手取額となる。所得税等は，基本的に個人の所得に対して課税されるものであるが，利子や配当等については個人か法人かを問わず源泉徴収するため，法人でも所得税を納めることになる。

　このように，配当等を受け取った場合には，所得税等の取扱いも生じることから，本章では，受取配当等の益金不算入に続き，所得税等の取扱いについて確認する。

2 受取配当等の益金不算入の取扱い

(1) 受取配当等の益金不算入の趣旨

　法人税は所得税の前払いと考え，所得税において二重課税を調整するため配当控除の規定を設けている。また，法人間の配

所法92

当は多重化することが想定されるため，法人間の配当等に課税するとした場合，個人株主に配当されるまでの税額を把握することが困難となる。このため，基本的に法人間の配当等についても益金不算入として取り扱われる。

そして，現行の法人税法では，法人の資産選択行動（配当を得るために株式を保有するか，あるいは利子を得るために銀行預金をするかという資産選択）に対して税制が中立であるべきとの観点から租税政策的に一定割合を益金不算入としない取扱いを設けている。

法法23⑦ 受取配当等の益金不算入は，確定申告書等に益金不算入の金額の記載とその計算の明細書の添付がある場合に限り，その記載された金額を限度として適用される。

(2) 益金不算入の対象となる配当等

法法23①，24，
法基通3-1-1

益金不算入の対象となる配当等は，内国法人から受ける次の剰余金の配当等である。

- 剰余金の配当（株式等に係るものに限るものとし，資本剰余金を原資とするものを除く）
- 利益の配当（分割型分割によるものを除く）
- 剰余金の分配（出資に係るものに限る）
- 投資法人法による金銭の分配
- 資産流動化法による金銭の分配（中間配当）

◉重要条文【法人税法23条1項】

　内国法人が次に掲げる金額（第1号に掲げる金額にあっては，外国法人若しくは公益法人等又は人格のない社団等から受けるもの及び適格現物分配に係るものを除く。以下この条において「配当等の額」という。）を受けるときは，その配当等の額（関連法人株式等に係る配当等の額にあっては，当該配当等の額から当該配当等の額に係る利子の額に相当するものとして政令で定めるところにより計算した金額を控除した金額とし，完全子法人株式等，関連法人株式等及び非支配目的株式等のいずれにも該当しない株式等（株式又は出資をいう。以下この条において同じ。）に係る配当等の額にあっては当該配当等の額の100分の50に相当する金額とし，非支配目的株式等に係る配当等の額にあっては当該配当等の額の100分の20に相当する金額とする。）は，その内国法人の各事業年度の所得の金額の計算上，益金の額に算入しない。

　一～三（略）

●法人課税信託の収益の分配

●みなし配当

●名義株等の配当

＊「剰余金の配当」は株式会社又は特例有限会社から受け取るもの，「利益の配当」は合名会社，合資会社，合同会社から受け取るもの，「剰余金の分配」は協同組合等から受け取るものである。

(3) 短期保有株式等の不適用

租税回避を排除するため，配当等の元本となる株式等を，配当等の支払いに係る基準日（配当基準日）以前1か月以内に取得し，かつ，その配当基準日後2か月以内に譲渡した場合には，その譲渡した株式等を**短期保有株式等**とし，その配当等は受取配当等の益金不算入の適用をしない取扱いとなる。　法法23②

ここで，配当基準日の前後で同一銘柄の株式等を売買している場合にはそれらが平均的に譲渡されたものとして取り扱うため，次の算式により短期保有株式等の数を計算する。　法令20

$$短期保有株式等の数 = E \times \frac{C \times \frac{B}{A+B}}{C+D}$$

A：配当基準日から起算して1か月前の日現在の株式等の数
B：配当基準日以前1か月以内に取得した株式等の数
C：配当基準日現在の株式等の数
D：配当基準日後2か月以内に取得した株式等の数
E：配当基準日後2か月以内に譲渡した株式等の数

設例8-1 八千代株式会社の当期（自令和6年4月1日　至令和7年3月31日）の受取配当等の益金不算入の計算上，短期保有株式等に対応する配当等の金額を求めなさい。

A株式配当金：350,000円

(注) A株式の配当計算期間は令和5年4月1日から令和6年3月31日（配当基準日）であり，A社株式の異動状況は次のとおりである。

配当基準日から起算して1か月前の日現在の株式等の数	500株
配当基準日以前1か月以内に取得した株式等の数	200株
配当基準日現在の株式等の数	700株
配当基準日後2か月以内に取得した株式等の数	100株

配当基準日後2か月以内に譲渡した株式等の数	200株

■ 解　答

(1)　短期保有株式等の株数

$$200株 \times \frac{700株 \times \frac{200株}{500株+200株}}{700株+100株} = 50株$$

(2)　短期保有株式等に対応する配当等

$$350,000円 \times \frac{50株}{700株} = 25,000円$$

(4)　受取配当等の区分と益金不算入割合

法法23④〜⑥，法令22，22の2，22の3

受取配当等は，持株割合により次のように区分され，それぞれ益金不算入割合が定められている。

受取配当等の区分と益金不算入割合

受取配当等の区分	持株割合※	負債利子控除	益金不算入割合
完全子法人株式等に係る配当等	100%	－	100%
関連法人株式等に係る配当等	$\frac{1}{3}$超100%未満	適用あり	100%
その他の株式等に係る配当等	5%超$\frac{1}{3}$以下	－	50%
非支配目的株式等に係る配当等	5%以下	－	20%（注）

（注）保険会社が受け取る非支配目的株式等の配当等の益金不算入割合は40%（措法67の7）
※　株式等の区分は，完全支配関係グループ全体の保有割合で判定

二重課税排除の考え方からは，配当等はすべて益金不算入とするべきとなるはずであるが，租税政策的に益金不算入割合が設けられている。ただし，完全支配関係にある完全子法人株式等に係る配当等についてはグループ通算制度等との平仄から100%益金不算入としている。また，関連法人株式等に係る配当等については，企業支配的な関係に基づく同一企業の内部的なものであり，これに課税すると支店等の設置の方が税制上有

利になるという問題が生じる。このため，関連法人株式等に係る配当等についても100%益金不算入としている。

(5)　負債利子の控除

①　負債利子の控除の必要性

関連法人株式等に係る配当等については，負債利子を控除した金額が益金不算入額となる。利子は費用として認識されるため，二重課税として考えるべきものは受取配当等の金額からその株式等の取得のための負債に係る利子を控除した残額となる。

法法23①，法令21

なお，完全子法人等に係る配当等は，100%グループ内における内部損益の消去を目的とするものであるため，負債利子を控除しない取扱いとなっている。また，一般株式等に係る配当等は，益金不算入割合が20%又は50%という割合にとどまり，負債利子の損金算入額をカバーしていると考えられるため負債利子の控除を適用しない取扱いとなっている。

②　負債利子の控除の計算

控除する負債利子の額は，関連法人株式等に係る配当等の額の4%相当額とされている。

ただし，関連法人株式等に係る配当等の額の4%相当額が支払利子等の額の合計額の10%相当額を超えるときは，次の算式により計算された金額となる。ここで，支払利子等の額とは，法人が支払う負債の利子又は手形の割引料，金銭債務の償還差損その他経済的な性質が利子に準ずるものの額をいう。

$$支払利子等の額の合計額の10\%相当額 \times \frac{その配当等の額}{関連法人株式等に係る配当等の額の合計額}$$

法令19①②

> **設例8-2**　浦安株式会社の当期（自令和6年4月1日　至令和7年3月31日）の受取配当等の益金不算入額を求めなさい。

(1) 当期において受け取った配当等の額は次のとおりであり，源泉徴収税額控除後の差引手取額を当期の収益に計上している。なお，復興特別所得税は考慮していない。

銘柄等	区分	配当等の計算期間	源泉徴収税額	差引手取額
A株式（その他の株式等）	配当金	R 5.4.1〜R 6.3.31	75,000円	425,000円
B株式（関連法人株式等）	配当金	R 5.4.1〜R 6.3.31	0円	300,000円

(2) 当期の支払利子等の額の合計額は150,000円である。

■ 解　答

(1) 受取配当等の額

① 関連法人株式等　300,000円

② その他の株式等　425,000円 + 75,000円 = 500,000円

(2) 控除負債利子の額（関連法人株式等に係るもの）

① 300,000円 × 4 % = 12,000円

② 150,000円 × 10% = 15,000円

③ ① ≦ ②　∴　12,000円

(3) 益金不算入額

$$（300,000円 - 12,000円）+ 500,000円 × \frac{50}{100} = 538,000円$$

■ 解　説

受取配当等の金額は，差引手取額と源泉徴収税額の合計で算出する。

Advance　外国子会社配当益金不算入

内国親法人が外国子会社から受け取る配当等の額（外国子会社の所得の計算上，損金の額に算入されたものを除く）の95%については，その内国親法人の各事業年度の所得の金額の計算上，益金の額に算入されない（法法23の2）。

外国子会社とは，内国親会社の外国法人の持分割合が25%以上であり，かつ，その保有期間が剰余金の配当等の支払義務が確定する日以前6か月以上であるものをいう。

この場合には，我が国の税金に関し二重課税の問題はないが，国際的な二重課税を排除することで，外国子会社の内部留保金を我が国に還流させることをねらいとする制度である。

3　法人税額から控除される所得税額

⑴　所得税等の取扱い

　法人が受け取る利子や配当等には，所得税等（所得税及び復興特別所得税）が源泉徴収される。源泉徴収された所得税等は，納付済みの法人税額と同様に考えて税額控除する取扱いを認めている。この場合，所得の計算（別表四）において損金不算入とした上で，税額の計算（別表一）において税額控除する。

法法40, 68

　なお，税額控除を受けないのであれば，損金算入が認められる。

源泉所得税等の税率

		所得税（復興特別所得税を含む場合）
利子		15%（15.315%）
配当	上場株式（大口株主を除く）	15%（15.315%）
	上場株式（大口株主）	20%（20.420%）
	非上場株式	20%（20.420%）

　なお，令和4年度税制改正により，令和5年10月1日以後に一定の内国法人（3分の1超を直接保有する場合）が支払を受ける配当等は，所得税を課さないこととし，その配当等に係る所得税の源泉徴収を行わないこととされた。

⦿重要条文【法人税法40条1項，68条1項】

40条1項　内国法人が第68条第1項（所得税額の控除）に規定する所得税の額につき同項又は第78条第1項（所得税額等の還付）若しくは第133条第1項（更正等による所得税額等の還付）の規定の適用を受ける場合には，これらの規定による控除又は還付をされる金額に相当する金額は，その内国法人の各事業年度の所得の金額の計算上，損金の額に算入しない。

68条1項　内国法人が各事業年度において所得税法第174条各号（内国法人に係る所得税の課税標準）に規定する利子等，配当等，給付補塡金，利息，利益，差益，利益の分配又は賞金（次項において「利子及び配当等」という。）の支払を受ける場合には，これらにつき同法の規定により課される所得税の額（当該所得税の額に係る第69条の2第1項（分配時調整外国税相当額の控除）に規定する分配時調整外国税相当額を除く。）は，政令で定めるところにより，当該事業年度の所得に対する法人税の額から控除する。

> **設例8-3** 札幌株式会社の当期（自令和6年4月1日　至令和7年3月31日）における会計上の利益は10,000,000円（収益10,150,000円，租税公課（源泉徴収された所得税額）150,000円）である。所得税額の税額控除をした場合としない場合の法人税額を求め，いずれを選択した方が有利になるか（当期の法人税額が小さくなるか）示しなさい。
>
> なお，札幌株式会社は中小法人には該当しないものとする。また，復興特別所得税を考慮しないものとし，源泉徴収された所得税額は全額が控除対象であるものとする。

■ 解　答

【税額控除をした場合】

（別表四）

会計上の利益　　　　　　　　　　　10,000,000円（企業会計上，所得税分控除後）

（加算）法人税額から控除される所得税額　　150,000円

所得金額　　　　　　　　　　　　　10,150,000円

（別表一）

法人税額

　10,150,000円（千円未満切捨て）×23.2％＝2,354,800円

　2,354,800円－150,000円＝2,204,800円

　　　　　　　　　　　　　　∴　2,204,800円（百円未満切捨て）

【税額控除をしない場合】

（別表四）

会計上の利益　　　　　　　　　　　10,000,000円（企業会計上，所得税分控除後）

所得金額　　　　　　　　　　　　　10,000,000円

（別表一）

法人税額

　10,000,000円（千円未満切捨て）×23.2％＝2,320,000円

　　　　　　　　　　　　　　∴　2,320,000円（百円未満切捨て）

【有利判定】

　税額控除をした方が法人税額は小さくなる。

■解　説

　所得税額は，税額控除が認められているが，税額控除をしなければならないという規定にはなっていない。しかし，税額控除を選択した方が当期に納付する法人税額が小さくなり有利になる。

　なお，税額控除を選択した場合には，企業会計で租税公課等として費用処理した金額は損金不算入となり，別表四で加算する必要がある。これは，損金算入を認めてしまうと，費用として利益（所得）を減額した上に，税額控除を認めることになり，二重の控除となってしまうためである。

(2)　期間按分

　一定の利子や配当等に係る所得税等の額については，期間按分をして控除額を計算する。期間按分を設けた趣旨は，配当等の直前に買い受けて配当等を受け取り，すぐに売却することで，所得は生じないにもかかわらず所得税等の全額が法人税額から控除されると租税回避が可能になるためである。

法令140の2①

全額控除と期間按分の区別

期間按分を要するもの		全額控除となるもの
株式及び出資	・剰余金の配当に係る所得税等 ・利益の配当に係る所得税等 ・剰余金の分配に係る所得税等	・公社債の利子に係る所得税等 ・公社債投資信託の収益分配金に係る所得税等 ・新株予約権付社債の利子に係る所得税等 ・預貯金の利子に係る所得税等 ・みなし配当に係る所得税等
集団投資信託の受益権	・公社債投資信託以外の証券投資信託の収益分配金に係る所得税等	

　期間按分を要するものは，事業年度ごとに次の（a）と（b）のいずれかの方法を選択することができる。なお，この選択では，利子や配当等の元本を，「公社債」，「株式及び出資」と「集団投資信託の受益権」に区分し，さらに，その計算期間が1年以内のものと1年超のものに区分して選択する。

法令140の2②⑥　　（a）個別法

控除所得税額

$$= \text{所得税等の額} \times \frac{\substack{\text{分母のうち当社}\\\text{元本所有期間月数}}}{\substack{\text{支払法人の利子配当}\\\text{等計算期間月数}}} \left(\substack{\text{小数点以下}\\\text{3位未満}\\\text{切上げ}}\right)$$

＊1月未満の端数は1月とする。

法令140の2③　　（b）簡便法

控除所得税額

$$= \text{所得税等の額} \times \frac{A+(B-A)\times\frac{1}{2}}{B} \left(\substack{\text{小数点以下}\\\text{3位未満}\\\text{切上げ}}\right)$$

A：計算期間開始時の所有する元本の数
B：計算期間終了時の所有する元本の数

＊A≧Bのときは，全額が控除所得税額となる。

また，計算期間が1年を超える場合は$\frac{1}{2}$を$\frac{1}{12}$として計算する。

設例8-4　浦安株式会社の当期（自令和6年4月1日　至令和7年3月31日）の所得税額の税額控除額を求めなさい。

なお，当期において受け取った配当等の額は次のとおりであり，源泉徴収税額控除後の差引手取額を当期の収益に計上している。復興特別所得税は考慮しないものとする。

銘柄等	区分	配当等の計算期間	源泉徴収税額	差引手取額
A株式（その他の株式等）	配当金	R5.4.1～R6.3.31	75,000円	425,000円
B株式（関連法人株式等）	配当金	R5.4.1～R6.3.31	0円	300,000円
銀行預金	預金利子	—	12,000円	68,000円

（注）A株式の取得状況は以下のとおりである。
　①　令和4年4月1日前に取得した株式数　　20,000株
　②　令和4年11月11日に取得した株式数　　30,000株

■解　答
(1)　**株式・出資**（A株式）
　①　個別法

$$75,000円 \times \frac{20,000株}{20,000株 + 30,000株} \times \frac{12月}{12月} \quad (1.000) \begin{pmatrix} 小数点以下 \\ 3位未満切上げ \end{pmatrix}$$

$$+ 75,000円 \times \frac{30,000株}{20,000株 + 30,000株} \times \frac{5月}{12月} \quad (0.417) \begin{pmatrix} 小数点以下 \\ 3位未満切上げ \end{pmatrix}$$

$$= 48,765円$$

② 簡便法

$$75,000円 \times \frac{20,000株 + (50,000株 - 20,000株) \times \frac{1}{2}}{50,000株} \quad (0.700) \begin{pmatrix} 小数点以下 \\ 3位未満切上げ \end{pmatrix}$$

$$= 52,500円$$

③　①　＜　②　　　∴　52,500円

(2) その他

12,000円

(3) 合　計

(1)＋(2)＝64,500円

■ 解　説

　個別法（48,765円）より簡便法（52,500円）の方が控除額が多くなるため，当期の税額が少なくなる簡便法を選択している。

Training

8-1 ◆文章問題

次の各文章の空欄に適切な語句を記入しなさい。

1. 内国法人が ア の額を受けるときは、その ア の額（完全子法人株式等、関連法人株式等及び イ のいずれにも該当しない株式等に係る ア の額にあっては当該 ア の額の100分の50に相当する金額とし、 イ に係る ア の額にあってはその ア の額の100分の20に相当する金額とする。）は、その内国法人の各事業年度の所得の金額の計算上、益金の額に算入しない。

2. 内国法人が各事業年度において利子及び配当等の支払を受ける場合には、これらにつき課される ウ は、その事業年度の所得に対する エ から控除する。（1級92回1-4）

（解答欄）

ア		イ		ウ		エ	

8-2 ◆計算問題（2級第107回第2問一部改題）

内国法人である甲株式会社（以下「甲社」という。）は、卸売業を営む非同族会社であり、当期（自令和6年4月1日　至令和7年3月31日）末の資本金の額は30,000,000円であり、中小法人等及び中小企業者等（適用除外事業者には該当しない）に該当する。

甲社の当期における確定申告書に記載すべき課税標準である所得の金額及び差引確定法人税額を計算しなさい。

<資料>

1. 確定した決算による当期利益の額　　　　　　　　　　　　　　　　20,000,000円

2. 所得金額及び法人税額の計算上税務調整を検討する事項

(1) 当期において受け取った配当等の額は次のとおりであり、甲社は源泉徴収税額控除後の差引手取額を当期の収益に計上している。

なお、復興特別所得税は考慮しないものとする。

銘柄等	区分	配当等の計算期間	受取配当等の額	源泉徴収税額	差引手取額	(注)
A社株式	配当金	R5.4.1～R6.3.31	1,500,000円	300,000円	1,200,000円	1
B社株式	配当金	R5.10.1～R6.9.30	200,000円	0円	200,000円	2
C社債	社債利子	R5.9.1～R6.8.31	300,000円	45,000円	255,000円	3

| 銀行預金 | 預金利子 | ―――― | 10,000円 | 1,500円 | 8,500円 | |

（注1）A社株式（配当等の計算期間の初日における株式等保有割合1％）の取得状況は，以下のとおりである。

① 令和5年3月10日に取得した株式数　40,000株

② 令和5年11月20日に取得した株式数　10,000株

（注2）B社株式（配当等の計算期間の初日における株式等保有割合50％）の取得状況は，以下のとおりである。

令和5年8月10日に取得した株式数　10,000株

（注3）C社債は数年前から保有している。

(2)　甲社の支払利子等の額の合計額の10％は100,000円である。

（解答欄）

別表四

区　　　　　　　　　　　分	金　　額
当　　期　　利　　益	円
加算	
小　　　　　計	
減算	
小　　　　　計	
仮　　　　　　　　計	
合　計・差　引　計・総　計	
所　　得　　金　　額	

所得金額の計算過程

受取配当等	(1)　受取配当等の額 　　① 関連法人株式等 　　② 非支配目的株式等 (2)　控除負債利子 　　　　　　　　　　　　　　　∴ (3)　益金不算入額

法人税額から控除される所得税額	(1) 株式・出資（A株式） 　① 個別法 　② 簡便法 　③　　　　　　　　　　　　∴ (2) その他 (3) 合　計 　(1)　＋　(2)　＝

別表一

	金　　額	備　　考
所得金額	円	
法人税額		
法人税額計		
控除税額		
差引所得に対する法人税額		
中間申告分の法人税額		
差引確定法人税額		

法人税額の計算過程

税率適用 区分	(1)　年800万円以下
	(2)　年800万円超
	(3)　合　計 　(1)　＋　(2)　＝

（考えてみよう）

　受取配当等の益金不算入の意義を，現行制度のあり方も含め考察しなさい。

Column 6　中小法人等と中小企業者等の差異

　法人税法では，中小の法人等に対しては，大企業と比較し優遇措置を設けている。ここで，対象となる中小の法人については，中小法人等と中小企業者等という異なる規定がされているので注意が必要である。

中小法人等（法法57⑪）
(1)　普通法人のうち，資本金の額が１億円以下であるもの（大法人（資本金の額が５億円以上）との間に大法人による完全支配関係がある普通法人を除く）又は資本を有しないもの
(2)　公益法人等又は協同組合等
(3)　人格のない社団等

中小企業者等（措法42の４⑲七，八，措令27の４⑰〜⑲）
(1)　中小企業者
　　①　資本金の額が１億円以下の法人（常時使用する従業員の数が1,000人を超える法人及び同一の大規模法人（資本金の額が１億円超等の法人）に発行済株式の２分の１以上を所有されている法人及び２以上の大規模法人に発行済株式の３分の２以上を所有されている法人を除く）
　　②　資本を有しない法人のうち常時使用する従業員の数が1,000人以下の法人
(2)　農業協同組合等
＊　適用除外事業者（基準年度（当期首前３年以内に終了した各事業年度）の年平均所得金額が15億円を超える法人）を除く。

有価証券

1 有価証券

　法人税法では，有価証券を，金融商品取引法に規定する有価証券その他これに準ずるもの（自己株式及びデリバティブ取引に係るものを除く）としている。具体的には，株券や社債株等（有価証券表示権利を含む）が有価証券に該当する。

法法2二十一，法令11，法規8の2の4

　なお，企業会計でも，有価証券の範囲は，金融商品取引法に定義する有価証券に基づくとされており，概ね同様の範囲となっている。

「金融商品に関する会計基準」注1-2

　ただし，棚卸資産に該当する有価証券の取扱いにおいて，企業会計と法人税法で差異も存在する。

2 有価証券の譲渡損益

　有価証券の譲渡損益は，譲渡対価の額から譲渡原価の額を控除して計算される。譲渡原価の額は単価×数量で計算されるが，その単価の計算は，取得価額に基づき，**移動平均法**又は**総平均法**により算出される。

法法61の2①

(1) 取得価額

法令119

購入等した場合の取得価額は次のとおりである。

取得方法別の取得価額

取得方法	取得価額
購入	購入代価（付随費用（購入手数料）を含む）＋購入のために要した費用
金銭の払込み等の場合	払込金額等＋取得のために要した費用
有利発行価額の払込み等による取得（株主等として取得したもの等を除く）	払込期日の価額（時価）
その他（贈与等）	取得のために通常要する価額（時価）

Advance **取得価額に算入しないことのできる金額**

有価証券の購入のために要した費用には，有価証券を取得するために要した通信費，名義書換料の額を含めないことができる（法基通2-3-5）。

---

(2) 単価の計算

法令119の2,
119の5，119の
7①

有価証券の区分ごとに，かつ，その種類ごとに，移動平均法又は総平均法の選定を行う。この選定は，新しい区分又は種類の有価証券を取得した場合に，確定申告書の提出期限までに納税地の所轄税務署長に届け出なければならない。なお，この届出をしなかった場合や選定した方法により計算しなかった場合には，法定算出方法である移動平均法によることになる。

移動平均法と総平均法の意義

①	移動平均法★	受け入れる度に在庫の総額を数量で除した平均単価を用いる方法
②	総平均法	その期間の受け入れた総額を受入総数量で除した平均単価を用いる方法

（★が法定算出方法）

設例9-1　当期（自令和6年4月1日　至令和7年3月31日）におけるA社株式の売買は次のようになっている。①移動平均法，②総平均法のそれぞれの算出方法による譲渡損益を求めなさい。

　　4月10日　購入　3,000株（@120円）
　　6月15日　売却　2,000株（@150円）
　　8月16日　購入　4,000株（@130円）
　　11月29日　売却　2,000株（@160円）

なお，期首には3,000株（@100円）を保有し，期末には6,000株を保有している。

■　解　答

①160,000円　②148,000円

■　解　説

① 　移動平均法

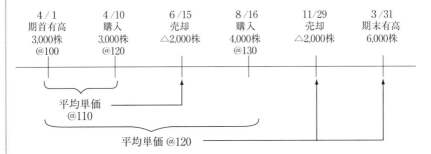

4月10日の平均単価 $= \dfrac{3,000株 \times @100円 + 3,000株 \times @120円}{3,000株 + 3,000株} = @110円$

6月15日の譲渡損益 $= @150円 \times 2,000株 - @110円 \times 2,000株 = 80,000円$

8月16日の平均単価 $= \dfrac{(3,000株 + 3,000株 - 2,000株) \times @110円 + 4,000株 \times @130円}{3,000株 + 3,000株 - 2,000株 + 4,000株} = @120円$

11月29日の譲渡損益 $= @160円 \times 2,000株 - @120円 \times 2,000株 = 80,000円$

当期の譲渡損益 $= 80,000円 + 80,000円 = 160,000円$

② 総平均法

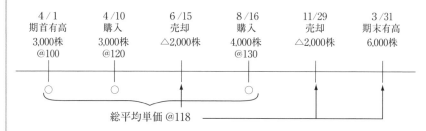

$$当期の総平均単価 = \frac{3,000株 \times @100円 + 3,000株 \times @120円 + 4,000株 \times @130円}{3,000株 + 3,000株 + 4,000株} = @118円$$

当期の譲渡損益 = 2,000株 × @150円 + 2,000株 × @160円 − 4,000株 × @118円 = 148,000円

Advance　有価証券の期末評価

　法人税法では，有価証券を売買目的有価証券と売買目的外有価証券に区分し，売買目的有価証券は時価評価金額による期末評価を行うため，時価評価損益を認識する。また，売買目的外有価証券については，帳簿価額で期末評価を行うため，期末の評価損益は生じないが，償還有価証券（転換社債以外の償還期限・償還金額の定めのあるもの）については，償却原価法により調整差損益を認識する（法法61の3①②，法令119の14，139の2）。

　なお，売買目的有価証券と同様に短期売買商品等（市場における短期的な価格の変動又は市場間の価格差を利用して利益を得る目的で取得した商品）についても，時価による期末評価を行い，時価評価損益を認識する（法法61②③，法令118の4，118の8）。

Key Point　企業会計との差異

　企業会計では，有価証券を，売買目的有価証券，満期保有目的の債券，子会社株式及び関連会社株式，その他有価証券の4つに区分している（「金融商品に関する会計基準15項～18項」）。このように，形式的な区分としては法人税法が2区分（売買目的有価証券と売買目的外有価証券）としていることと差異が生じているが，売買目的有価証券が時価評価されることや満期保有目的の債券に償却原価法がとられるように償還有価証券に調整差損益を認識すること等の類似点も多い。ただし，その他有価証券では時価評価（評価差額は全部純資産直入法又は部分純資産

直入法）されるのに対しその他有価証券に相当する売買目的外有価証券は帳簿価額（原価）で評価される等の差異もある。

Reference 「時価の算定に関する会計基準」への対応

　法人税法では，「時価の算定に関する会計基準」の公表に伴い，次の取扱いが定められている。

(1)　売買目的有価証券の時価評価金額の計算における1単位当たりの金額について，次の見直しが行われた。

① 　取引所売買有価証券，店頭売買有価証券及び取扱有価証券並びにその他価格公表有価証券で事業年度終了の日において公表された最終の売買の価格及び最終の気配相場の価格のいずれもないものについては，同日前の最終の売買の価格又は最終の気配相場の価格が公表された日でその終了の日に最も近いものを基礎とした合理的な方法により計算した金額とされた。

② 　上記①以外の有価証券（株式又は出資を除く）については，その有価証券に類似する有価証券について公表された事業年度終了の日における最終の売買の価格又は利率その他の指標に基づき合理的な方法により計算した金額とされた。

③ 　時価評価金額を計算する場合において，上記①又は②の合理的な方法によったときは，その方法を採用した理由及びその方法による計算の基礎とした事項を記載した書類を保存しなければならないこととされた。

◉重要条文【法人税法61条の3　1項】

　内国法人が事業年度終了の時において有する有価証券については，次の各号に掲げる有価証券の区分に応じ当該各号に定める金額をもって，その時における評価額とする。

一　売買目的有価証券（短期的な価格の変動を利用して利益を得る目的で取得した有価証券として政令で定めるものをいう。以下第3項までにおいて同じ。）　当該売買目的有価証券を時価法（事業年度終了の時において有する有価証券を銘柄の異なるごとに区別し，その銘柄の同じものについて，その時における価額として政令で定めるところにより計算した金額をもって当該有価証券のその時における評価額とする方法をいう。）により評価した金額（次項において「時価評価金額」という。）

二　売買目的外有価証券（売買目的有価証券以外の有価証券をいう。）　当該売買目的外有価証券を原価法（事業年度終了の時において有する有価証券（以下この号において「期末保有有価証券」という。）について，その時における帳簿価額（償還期限及び償還金額の定めのある有価証券にあっては，政令で定めるところにより当該帳簿価額と当該償還金額との差額のうち当該事業年度に配分すべき金額を加算し，又は減算した金額）をもって当該期末保有有価証券のその時における評価額とする方法をいう。）により評価した金額

(2) 短期売買商品等（暗号資産を除く）の時価評価金額の計算における1単位当たりの金額について、次の見直しが行われた。

① 短期売買商品等（暗号資産を除く）で事業年度終了の日において公表された最終の価格がないものについては、同日前に公表された最終の価格のうちその終了の日に最も近いものを基礎とした合理的な方法により計算した金額とされた。

② 時価評価金額を計算する場合において、上記①の合理的な方法によったときは、その方法を採用した理由及びその方法による計算の基礎とした事項を記載した書類を保存しなければならないこととされた。

(3) デリバティブ取引等を決済したものとみなして利益相当額又は損失相当額を算出する場合において、合理的な方法によったときは、その方法を採用した理由及びその方法による計算の基礎とした事項を記載した書類を保存しなければならないこととされた。

(4) 有価証券の評価損の計上ができる事実について、価額が著しく低下したことを評価損の計上ができる事実とする有価証券の範囲を市場有価証券及び市場有価証券以外の有価証券（株式等を除く）とする等の見直しが行われた。

(5) 貸倒引当金について、貸倒引当金の対象となる金銭債権に債券に表示されるべき権利が含まれないことが明確化された。

Training

9-1 ◆文章問題

次の各文章の空欄に適切な語句を記入しなさい。

1. 内国法人が事業年度終了の時において有する有価証券については、次に掲げる有価証券の区分に応じそれぞれに定める金額をもって、その時における評価額とする。

一　売買目的有価証券　　　ア

二　　イ　　　　　　　　帳簿価額（調整差損益を含む）

2. 売買目的有価証券とは、　ウ　な価格の変動を利用して　エ　を得る目的で取得した有価証券として特定のものをいう。（1級97回1-1）

（解答欄）

ア		イ		ウ		エ	

9-2 ◆計算問題

　内国法人である甲株式会社（以下「甲社」という。）は，卸売業を営む非同族会社であり，当期（自令和6年4月1日　至令和7年3月31日）末の資本金の額は50,000,000円である。

　甲社の当期における確定申告書に記載すべき課税標準である所得の金額を計算しなさい。

＜資料＞

1. 確定した決算による当期利益の額　　　　　　　　　　　　　60,000,000円

2. 所得金額の計算上税務調整を検討する事項

　(1)　A社株式に関して次のようになっている。

　　　①　A社株式の取引状況は次のとおりである。

　　　　(a)　4月10日取得　　　2,000株（@510円）

　　　　(b)　7月11日取得　　　10,000株（@540円）

　　　　(c)　8月20日売却　　　6,000株（@620円）

　　　　(d)　12月8日取得　　　3,000株（@610円）

　　　②　A社株式の会社計上の期末帳簿価額は，4,950,000円である。

　　　③　甲社は，有価証券の評価の選定に関する届出をしていない。

　(2)　B社株式につき，有利発行により取得した。払込金額は5,000,000円であり，貸借対照表上5,000,000円で計上しているが，払込期日における価額（時価）は8,000,000円である。

（解答欄）

別表四

区　　　　　　　　　　分		金　　額
当　　期　　利　　益		円
加算		
	小　　　　計	
減算		
	小　　　　計	
仮　　　　　　　計		
合　計・差　引　計・総　計		
所　　得　　金　　額		

所得金額の計算過程

A社株式	(1) A社株式の税務上の帳簿価額
	① 7月11日取得時点の単価
	② 12月8日取得時点の単価
	③ 期末の税務上の帳簿価額
	(2) A社株式の会社計上の帳簿価額
	(3) A社株式計上もれ
	(1) － (2) ＝
B社株式	(1) B社株式の税務上の帳簿価額
	(2) B社株式の会社計上の帳簿価額
	(3) B社株式計上もれ
	(1) － (2) ＝

（考えてみよう）

有価証券の期末評価について，未実現収益の計上の問題も含め考察しなさい。

第10章

棚 卸 資 産

1 棚卸資産の範囲

　法人税法上の棚卸資産は，次の資産（有価証券及び短期売買商品を除く）で棚卸しをすべきものである。

法法2二十，法令10

① 商品又は製品

② 半製品

③ 仕掛品

④ 主要原材料

⑤ 補助原材料

⑥ 消耗品で貯蔵中のもの

⑦ ①〜⑥の資産に準ずるもの

Key Point　企業会計との差異

　法人税法上の棚卸資産の範囲は，基本的に，企業会計上の棚卸資産と同様であるが，若干の差異も存在する。つまり，証券会社の保有する有価証券は，企業会計では棚卸資産に含まれるが，法人税法上では，棚卸資産の範囲から除き，有価証券として一律の取扱いとなる。また，短期売買商品等も法人税法上は別途取扱

◉重要条文【法人税法2条20号】

棚卸資産　商品，製品，半製品，仕掛品，原材料その他の資産で棚卸しをすべきものとして政令で定めるもの（有価証券及び第61条第1項（短期売買商品等の譲渡損益及び時価評価損益）に規定する短期売買商品等を除く。）をいう。

いを定めているため棚卸資産の範囲から除かれる。

2 売上原価の計算

例えば，商品であれば購入等した商品の取得価額のうち，当期に販売された分だけが売上原価として当期の損金の額に算入されることになる。

このため，当期に販売された商品の売上原価は次の算式のようになる。

売上原価＝期首棚卸高＋当期仕入高（製造原価）－期末棚卸高

このように，売上原価を算定するためには，購入等による取得価額を求め，この取得価額に基づいて期末棚卸高（＝次期の期首棚卸高）を算定する必要がある。

3 取得価額

法令32①②

購入等した場合の取得価額は次のとおりである。

取得方法別の取得価額

取得方法	取 得 価 額
購入	購入代価（付随費用（引取運賃等）を含む）＋消費・販売のために直接要した費用
製造	製造のために要した原材料費・労務費・経費＋消費・販売のために直接要した費用 （その原価の額が適正な原価計算に基づいて算定されているときは，その原価の額に相当する金額を取得価額とみなす）
その他（贈与等）	取得のために通常要する価額（時価）＋消費・販売のために直接要した費用

Advance　**取得価額に算入しないことができる金額**

(1)　**取得価額に算入しないことができる金額**

　棚卸資産の取得又は保有に関連する支出であっても，不動産取得税，固定資産税及び都市計画税，特別土地保有税，登録免許税その他登記，登録費用，借入金の利子等は，取得価額に算入しないことができる（法基通5-1-1の2，5-1-4）。

(2)　**おおむね3％以内であれば取得価額に算入しないことができる金額**

　次のような費用は購入代価のおおむね3％以内であれば取得価額に含めないことができるとされている（法基通5-1-1，5-1-3）。

・買入事務，検収，整理，選別，手入れ等の費用
・販売所間の移管費用
・特別の時期に売るための長期保管費用

4　期末棚卸資産の評価方法

(1)　単価の計算

　期末棚卸高は，期末の在庫数量に単価を乗じて計算するが，単価は購入等のたびに異なることがあり，また，どの単価の棚卸資産が売却され，どの単価の棚卸資産が期末に在庫として残っているかが明らかでない場合が生じる。

　このため，法人税法では，次の6種類の方法により単価の計算をする。　法令28①一，31①

棚卸資産における単価の計算方法

①	個別法	単価を個別に記録・管理し，その単価を用いる方法
②	先入先出法	先に入ったものが先に払い出されると仮定した場合の単価を用いる方法
③	総平均法	その期間の受け入れた総額を受入総数量で除した平均単価を用いる方法
④	移動平均法	受け入れる度に在庫の総額を数量で除した平均単価を用いる方法

| ⑤ | 最終仕入原価法★ | その事業年度終了時からみて最後に仕入れた単価を用いる方法 |
| ⑥ | 売価還元法 | 期末の売価に原価率を乗じた金額を期末の棚卸資産の取得価額とする方法 |

（★が法定評価方法）

設例10-1 当期（自令和6年4月1日　至令和7年3月31日）における商品の仕入は次のようになっている。①先入先出法，②移動平均法，③最終仕入原価法，のそれぞれの評価方法による期末商品の金額を求めなさい。

　4月10日　仕入　3,000個（@120円）
　6月15日　売上　2,000個（@150円）
　8月16日　仕入　4,000個（@130円）
　11月29日　売上　2,000個（@160円）

なお，期首の商品棚卸高は3,000個（@100円），期末の商品棚卸高は6,000個である。

■ **解　答**

　①760,000円，②720,000円，③780,000円

■ **解　説**

　売上原価等は，取得価額（購入等した金額）から計算する。このため，売価の情報は関係なく，販売により減少した数量のみ考慮すれば良い。

① 　**先入先出法**

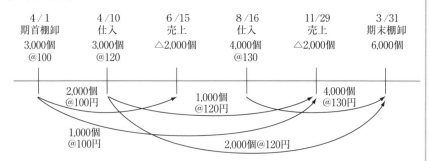

　期末商品＝2,000個×@120円＋4,000個×@130円＝760,000円

② 　**移動平均法**

$$4月10日の平均単価＝\frac{3,000個×@100円+3,000個×@120円}{3,000個+3,000個}＝@110円$$

$$8月16日の平均単価＝\frac{(3,000個+3,000個-2,000個)×@110円+4,000個×@130円}{3,000個+3,000個-2,000個+4,000個}＝@120円$$

期末商品＝6,000個×@120円＝720,000円

③　**最終仕入原価法**

最後に仕入れた単価（8月16日，@130円）で計算する。

期末商品＝6,000個×@130円＝780,000円

設例9-1（有価証券）と同じ数量と単価にしているので，総平均法の単価計算については，設例9-1を参照して確認すること。

(2)　原価法と低価法

(1)で計算した単価に数量を乗ずることで期末棚卸高が算出される。この金額を期末評価額として用いる方法を**原価法**という。そして，この原価法による評価額とその事業年度終了の時における価額（時価）のいずれか低い価額をその評価額とする方法を**低価法**という。

> **Key Point　企業会計との差異**
>
> 企業会計基準第9号「棚卸資産の評価に関する会計基準」では，通常の販売目的で保有する棚卸資産は，取得原価と正味売却価額（時価）のいずれか低い金額を貸借対照表価額とする会計処理（法人税法でいう低価法）が求められている。これは，取得原価基準を，将来の収益を生み出すという意味においての有用な原価，すなわち回収可能な原価だけを繰り越そうとする考え方ととらえているためである。このため，法人税法では，原価法と低価法の選択が可能であるのに対し，企業会計では法人税法でいう低価法の強制となっており，選択できる会計処理に差異が生じている。
>
> また，企業会計では切放し法と洗替え法の選択とされるのに対し，法人税法では低価法の適用において洗替え低価法が要求されている点でも差異が生じている。

5　評価方法の選定と法定評価方法

法人税法では，棚卸資産の評価方法は，事業の種類ごとに，かつ，商品又は製品，半製品，仕掛品，主要原材料及び補助原材料その他の棚卸資産の区分ごとに選定しなければならない。

法令29①

法令29②　　　　　　そして，設立の日又は新たに収益事業を開始した日等の属する事業年度の確定申告書の提出期限までに，選定した棚卸資産の評価方法を納税地の所轄税務署長に届け出なければならない。

法令30①②　　　　　また，いったん選定した評価方法は継続して適用しなければならないが，合理的な理由があれば変更は認められる。評価方法を変更しようとするときは，その新たな評価の方法を採用しようとする事業年度開始の日の前日までに，変更しようとする理由等の事項を記載した申請書を納税地の所轄税務署長に提出し，承認を受けなければならない。

法令31①　　　　　　なお，法人が棚卸資産の評価方法を選定しなかった場合又は選定した方法により評価しなかった場合は，**最終仕入原価法による原価法（法定評価方法）**によって評価額の計算をする。

Key Point　企業会計との差異

　法人税法における法定評価方法は，最終仕入原価法による原価法とされている。しかし，企業会計では，最終仕入原価法（最終取得原価法）は棚卸資産の評価方法として認められていない。これは，実際の取得単価より最終の仕入単価が高い場合（例えば，@120円で購入した後に@130円で購入し，それぞれが期末に在庫として残った場合）が生じ，評価益に相当する収益（未実現収益である@10円）を計上する可能性があり，これは処分性のない利益である。

Advance　短期売買商品等の時価評価

　平成31年度税制改正により，従来，短期売買商品としていたものを，短期売買商品等に変更し，ここに暗号資産が加えられた。短期売買商品等は，短期的な価格の変更を利用して利益を得る目的で取得した資産（有価証券を除く）で，専担者により取引されるもの等をいう。具体的には，金，銀，白金その他の資産を例示している。また，暗号資産は，資金決済法2条5項に規定する暗号資産としている（法法61①，法令118の4①）。

　これらの短期売買商品等を事業年度終了の時に有する場合は，時価評価金額による期末評価を行うこととし，時価評価損益を認識することとしている。ただし，暗号資産については，時価評価金額による期末評価を行うのは活発な市場が存在

する場合に限定している（法法61②）。

Training

10-1 ◆文章問題

次の各文章の空欄に適切な語句を記入しなさい。

1. 棚卸資産とは，商品，製品，ア，仕掛品，原材料その他の資産で イ をすべきものとして特定のもの（有価証券及び短期売買商品を除く。）をいう。（2級99回1-4）

2. 購入した棚卸資産の取得価額は，その資産の購入の ウ 及びその資産を消費し又は エ の用に供するために直接要した費用の額の合計額とする。（3級93回1-2）

3. 新たに オ した内国法人は，その オ の日の属する事業年度の確定申告書の カ までに，棚卸資産につき，選定した評価の方法を書面により納税地の所轄 キ に届け出なければならない。（2級93回1-3）

4. 内国法人は，棚卸資産につき選定した ク を変更しようとするときは，その新たな ク を採用しようとする ケ 開始の日の前日までに，所定の事項を記載した申請書を納税地の所轄税務署長に提出し，その承認を受けなければならない。（2級102回1-5，96回1-4）

（解答欄）

ア		イ		ウ		エ	
オ		カ		キ		ク	
ケ							

10-2 ◆計算問題

内国法人である甲株式会社（以下「甲社」という。）は，小売業を営む非同族会社であり，当期（自令和6年4月1日　至令和7年3月31日）末の資本金の額は30,000,000円である。

甲社の当期における確定申告書に記載すべき課税標準である所得の金額を計算しなさい。

<資料>

1．確定した決算による当期利益の額　　　　　　　　　　　　50,000,000円

2．所得金額の計算上税務調整を検討する事項

(1)　商品の期末棚卸数量は，10,000個である。

(2)　最終の仕入時における単価は，@1,200円であった。

(3)　甲社は，商品の評価方法の届出を提出していない。

(4)　商品の会社計上の期末帳簿価額は，10,000,000円である。

(5)　期首商品に関して，前期に税務調整した商品計上もれが1,000,000円ある。

（解答欄）

別表四

区　　　　　　　　　　分		金　　額
当　　期　　利　　益		円
加算		
	小　　　　計	
減算		
	小　　　　計	
仮　　　　　　　　　計		
合　計　・　差　引　計　・　総　計		
所　　得　　金　　額		

所得金額の計算過程

商　品	(1)　商品の税務上の期末帳簿価額
	(2)　商品の会社計上の期末帳簿価額
	(3)　商品計上もれ 　(1)　－　(2)　＝

考えてみよう

　企業会計と法人税法の棚卸資産の取扱いの差異を整理し，その差異が生じる理由を考察しなさい。

第 **11** 章

減 価 償 却

1 減価償却資産の範囲

(1) 減価償却資産

建物等の資産は，数期間にわたり事業に利用され，企業の収益獲得に対し直接又は間接に貢献していくことになる。このため，この貢献分として取得価額を各会計期間に配分して費用化していく必要があり，この手続きを**減価償却**という。

法人税法では，減価償却資産を，棚卸資産，有価証券，繰延資産以外の次の資産（事業の用に供していないもの及び時の経過によりその価値の減少しないものを除く）としている。

法法2二十三，法令13

① **有形減価償却資産**…建物，構築物，機械装置，船舶，車両運搬具，工具，器具備品等

② **無形減価償却資産**…鉱業権，特許権，実用新案権，営業権等

③ **生物**………………牛，馬，果樹等

(2) 非減価償却資産

土地のように利用又は時の経過に従い価値が減少しないものは，減価償却資産とはならない。このような**非減価償却資産**には，土地，借地権，電話加入権，美術品（時の経過により価値

法基通7-1-1

が減少することが明らかなものを除く）等がある。

法基通7-1-3,
7-1-4
　また，遊休設備や建設中の資産等の事業の用に供されていない資産も減価償却資産に該当しない。

Key Point　企業会計との差異

　企業会計では，（正常）営業循環基準によりその循環内にあるものを流動資産とし，循環外にあるものを一年基準（ワンイヤールール）により流動資産と固定資産に区分するという２段階の方法により，流動資産と固定資産を区分している。

　法人税法では，土地等の非償却資産を含めた固定資産という用語もあるが，棚卸資産，有価証券，繰延資産以外の資産で，減価償却の対象となる資産として減価償却資産という用語を具体的に定義し，有形減価償却資産，無形減価償却資産，生物で，事業の用に供しているものと定めている。

　そして，法人税法では，少額減価償却資産の定めがあり，１年未満という基準だけでなく，取得価額により即時の損金算入が認められる点でも取扱いに差異がある。

　なお，実務においては，減価償却に関しては耐用年数等に詳細な法人税法上の取扱いを参照することが多く，法人税法の規定が企業会計に影響を及ぼしているという点で逆基準性と指摘されることがある。

2　取得価額

(1)　購入等の場合の取得価額

法令54①
　購入等により取得した場合の取得価額は次のとおりである。

取得方法別の取得価額

取得方法	取 得 価 額
購入した場合	購入代価（付随費用（引取運賃等）を含む）＋事業の用に供するために直接要した費用
自社建設・製造した場合	建設・製造のために要した原材料費・労務費・経費＋事業の用に供するために直接要した費用
成育又は成熟させた牛馬等・果樹等の場合	購入代価等・種付費・種苗費＋成育又は成熟のために要した飼料費・肥料費・労務費・経費＋事業の用に供するために直接要した費用
その他（贈与等）	取得のために通常要する価額（時価）＋事業の用に供するために直接要した費用

[Advance]　取得価額に算入しないことができる金額

(1)　借入金の利子

　固定資産を取得するために借り入れた借入金の利子の額は，たとえその固定資産の使用開始前の期間に係るものであっても，これをその固定資産の取得価額に算入しないことができる。

　なお，借入金の利子の額を建設中の固定資産に係る建設仮勘定に含めたときは，その利子の額は固定資産の取得価額に算入されたことになる（法基通7-3-1の2）。

(2)　取得価額に算入しないことができる金額

　次に掲げるような費用の額は，たとえ固定資産の取得に関連して支出するものであっても，これを固定資産の取得価額に算入しないことができる（法基通7-3-3の2）。

　①　次に掲げるような租税公課等の額

　　イ　不動産取得税又は自動車取得税

　　ロ　特別土地保有税のうち土地の取得に対して課されるもの

　　ハ　新増設に係る事業所税

　　ニ　登録免許税その他登記又は登録のために要する費用

　②　建物の建設等のために行った調査，測量，設計，基礎工事等でその建設計画を変更したことにより不要となったものに係る費用の額

　③　一旦締結した固定資産の取得に関する契約を解除して他の固定資産を取得することとした場合に支出する違約金の額

(2) 圧縮記帳した場合の取得価額

法令54③

　国庫補助金，保険金や収用補償金等で減価償却資産を取得し，**圧縮記帳**をした場合には，圧縮記帳による損金算入額控除後の金額が取得価額とみなされる。

3　少額の減価償却資産と一括償却資産

(1) 少額の減価償却資産・少額減価償却資産

法令133

　法人税法では，事業の用に供した減価償却資産のうち，使用可能期間が1年未満であるもの又は取得価額が10万円未満であるものについて，その取得価額に相当する金額を事業の用に供した日の属する事業年度において損金経理をしたときは，損金の額に算入する（少額の減価償却資産）。

措法67の5，措令27の4㉕㉖

　また，青色申告書を提出する中小企業者等（中小企業者又は農業協同組合等）の場合は，損金経理及びその取得価額に関する明細書を確定申告書に添付することで，取得価額が10万円以上30万円未満であるもの（取得価額の合計額が年300万円に達するまでのもの）についても**少額減価償却資産**として取り扱われる。

　つまり，使用可能期間が1年未満であるか，取得価額が10万円未満（中小企業者等は30万円未満）であれば，即時償却（取得価額をその事業年度の損金の額に算入）することができる。ただし，貸付け（主要な事業として行われるものを除く）の用に供したものは，少額の減価償却資産，少額減価償却資産ともに対象とならない。

(2) 一括償却資産

法令133の2

　取得価額が20万円未満の減価償却資産（国外リース資産，一

定のリース資産，及び少額減価償却資産を除く）を事業の用に供した場合については，その減価償却資産の全部又は特定の一部を一括したものを**一括償却資産**として，その取得価額の合計額について，当期から3年間で損金の額に算入する方法を選択することができる。ただし，貸付け（主要な事業として行われるものを除く）の用に供したものは，一括償却資産の対象とならない。なお，一括償却資産の適用を受ける場合には，確定申告書に一括償却対象額の記載があり，その計算に関する書類の保存があり，かつ，明細書の添付が要件となる。　　　　　　法令133の2⑪⑫

　これは，平成10年度の税制改正において少額減価償却資産の金額を20万円未満から10万円未満に引き下げたことに伴い，企業経理の便宜性を考慮して導入されたものである。一括償却資産は，個々の減価償却資産として管理するのではなく，その全体を一括償却資産として管理することになるため，減失や除却等の事実が生じた場合も，3年均等額の損金算入を継続することになる。

$$損金算入限度額 = 一括償却対象額 \times \frac{当期の月数}{36}$$

＊一括償却資産では，償却限度額ではなく，3年均等額による損金算入限度額として取り扱う。

4　資本的支出と修繕費

　固定資産の改良を行った場合，その耐用年数が延長する場合や価値が増加する場合がある。このような場合は，新たな固定資産を取得したのと同様と考えることもできるので，**資本的支出**として，当期の損金の額に算入せず，固定資産の取得価額として取り扱うこととされている。　　　　　　法令132

　一方，固定資産の修繕を行い，その耐用年数が延長する場合や価値が増加する場合に該当しないときには，**修繕費**として当期の損金の額に算入される（企業会計でいう収益的支出）。

資本的支出に該当する金額は，次のように求められる。

① 使用可能期間が延長する場合

$$資本的支出の金額 = 支出金額 \times \frac{\begin{matrix}支出後に予測 \\ される 使 用 \\ 可能期間\end{matrix} - \begin{matrix}通常の管理をし \\ た場合の予測 \\ 使用可能期間\end{matrix}}{支出後に予測される使用可能期間}$$

② 価値が増加する場合

$$資本的支出の金額 = \begin{matrix}支出直後のその \\ 資産の価額\end{matrix} - \begin{matrix}通常の管理をした \\ 場合の支出直前の \\ 価額\end{matrix}$$

|Advance|　資本的支出と修繕費の区分

　法人税法では，資本的支出と修繕費の判定については，詳細な規定が存在する（法基通7-8-1〜7-8-6の2）。

　ここでは，明らかに資本的支出となる場合（建物の避難階段の取付けや用途変更のための模様替えによる改装等）や，明らかに修繕費となる場合（通常の維持管理），資本的支出と修繕費を形式的に区分する方法（修理・改良のために支出した費用が20万円未満，おおむね3年以内の周期性をもつ）等が定められている。

5　減価償却の方法と償却限度額

(1)　損金経理

法法31①

　減価償却資産の償却費は損金経理要件が課されており，償却

◉重要条文【法人税法31条1項】

　内国法人の各事業年度終了の時において有する減価償却資産につきその償却費として第22条第3項（各事業年度の所得の金額の計算の通則）の規定により当該事業年度の所得の金額の計算上損金の額に算入する金額は，その内国法人が当該事業年度においてその償却費として損金経理をした金額（以下この条において「損金経理額」という。）のうち，その取得をした日及びその種類の区分に応じ，償却費が毎年同一となる償却の方法，償却費が毎年一定の割合で逓減する償却の方法その他の政令で定める償却の方法の中からその内国法人が当該資産について選定した償却の方法（償却の方法を選定しなかった場合には，償却の方法のうち政令で定める方法）に基づき政令で定めるところにより計算した金額（次項において「償却限度額」という。）に達するまでの金額とする。

費として損金の額に算入する金額は，償却費として損金経理を
した金額のうち，法人が選定した償却方法に基づき計算した償
却限度額に達するまでの金額としている。

　法人税法は，法人の自主的な経理を尊重しつつ，一定の償却
限度額を設けることで過大な償却費の計上を抑制している。

(2) 償却方法

　減価償却資産の償却方法は，平成19年3月31日以前に取得さ
れたものと平成19年4月1日以後に取得されたもので，取扱い
が変更されている。減価償却資産については，長期で利用され
るものもあるため，この両方の取扱いを把握する必要がある。

　法人税法における減価償却資産の償却方法は，資産の種類ご
とに次のようになる。

法令48，48の2，53

減価償却資産の償却方法

資産の種類		平成19年3月31日以前	平成19年4月1日以後	平成28年4月1日以後
建物（鉱業用減価償却資産を除く）		旧定額法★	定額法★	定額法★
建物附属設備，構築物（鉱業用減価償却資産を除く）		旧定額法 旧定率法★	定額法 定率法★	定額法★
機械装置，車両運搬具，器具備品等		旧定額法 旧定率法★	定額法 定率法★	定額法 定率法★
鉱業用減価償却資産（鉱業権を除く）	建物，建物附属設備，構築物	旧定額法 旧定率法★	定額法 定率法 生産高比例法★	定額法 生産高比例法★
	上記以外	旧定額法 旧定率法 旧生産高比例法★	定額法 定率法 生産高比例法★	定額法 定率法 生産高比例法★
無形減価償却資産（鉱業権を除く）及び生物		旧定額法★	定額法★	定額法★
鉱業権		旧定額法 旧生産高比例法★	定額法 生産高比例法★	定額法 生産高比例法★

★は法定償却方法である。なお，リース資産にはリース期間定額法が適用される。

① 定額法と旧定額法

（a）定額法による償却限度額

償却限度額＝取得価額×定額法償却率

（b）旧定額法による償却限度額

償却限度額＝（取得価額−残存価額）×旧定額法償却率

定額法と**旧定額法**は，取得価額を耐用年数にわたり均等に償却する方法である。定額法と旧定額法の差異は，残存価額（有形減価償却資産であれば10%）を考慮するかどうかである。なお，定額法では，耐用年数経過後も備忘価額（残存簿価）として１円を残すことになる（償却計算の最後の年度は残り１円まで償却する）。

|Key Point|　企業会計との差異

　法人税法では，定額法償却率や旧定額法償却率が定められている（耐用年数省令別表第７，別表第８）。そして，法人税法の償却率は，端数処理（定額法であれば小数点以下３位未満切上げ）がされるため，簿記等の学習のような年数で按分計算した場合と差異が生じることがあるので注意が必要である。

---

② 定率法と旧定率法

（a）定率法による償却限度額

（イ）調整前償却額≧償却保証額

$$償却限度額＝\underset{（取得価額−既償却額）}{期首帳簿価額}×定率法償却率$$

（ロ）調整前償却額＜償却保証額

償却限度額＝改定取得価額×改定償却率

（b）旧定率法による償却限度額

$$償却限度額＝\begin{matrix}期 首 帳 簿 価 額\\（取得価額－既償却額）\end{matrix}×旧定率法償却率$$

旧定率法では，未償却残高である期首帳簿価額に定率を乗じることで，定額法と比較した場合，取得直後により多くの償却費を計上する加速的な償却方法であった。しかし，平成19年4月1日以後の償却限度額の計算では，残存価額を考慮しないこととされたため，旧定率法における償却率（$1-\sqrt[n]{\dfrac{残存価額}{取得価額}}$）が利用できなくなった（残存価額を0としてこの償却率の計算をすると償却率は常に1となってしまう）。

このため，**定率法**では，定額法の償却率の200％（平成24年3月31日までに取得した資産については250％）の償却率で加速的に償却を行い，帳簿価額が償却保証額未満になる事業年度から残額を均等償却に切り替える方法とした。

設例11-1 当期首に耐用年数5年のコピー機を500,000円で取得し，直ちに事業の用に供した。当社はコピー機の減価償却方法として定率法を届け出ている。各年度，法人税法における償却限度額まで減価償却費を計上する場合，各年度の減価償却費と期末帳簿価額を求めよ。なお，定率法5年の償却率は0.400，償却保証率は0.10800，改定償却率0.500とする。

■ **解 答**

	1年目	2年目	3年目	4年目	5年目
減価償却費	200,000円	120,000円	72,000円	54,000円	53,999円
期末帳簿価額	300,000円	180,000円	108,000円	54,000円	1円

■ **解 説**

償却保証額　500,000円×耐用年数5年の償却保証率（0.10800）＝54,000円

1年目　500,000円×耐用年数5年の償却率（0.400）＝200,000円

2年目　（500,000円－200,000円）×0.400＝120,000円

3年目　（500,000円－200,000円－120,000円）×0.400＝72,000円

4年目　（500,000円－200,000円－120,000円－72,000円）×0.400＝43,200円

43,200円＜54,000円（償却保証額）　∴改定償却率により計算

（500,000円－200,000円－120,000円－72,000円）×改定償却率（0.500）

＝54,000円

5年目　最終年度のため，1円まで償却

（500,000円－200,000円－120,000円－72,000円－54,000円）－1円

＝53,999円

③　生産高比例法と旧生産高比例法

（a）生産高比例法における償却限度額

$$償却限度額＝取得価額×\frac{当期採掘数量}{採掘予定数量}$$

（b）旧生産高比例法における償却限度額

$$償却限度額＝（取得価額－残存価額）×\frac{当期採掘数量}{採掘予定数量}$$

生産高比例法と旧生産高比例法は，取得価額を採掘量等に応じて償却する方法である。生産高比例法と旧生産高比例法の差異は，残存価額を考慮するかどうかである。なお，生産高比例法では，備忘価額（残存簿価）として1円を残すことになる（償却計算の最後の年度は残り1円まで償却する）。

④　償却方法の選定と法定償却方法

法令51①②　　減価償却資産の償却費の計算にあたっては，資産の種類ごとに選定を行わなければならない。そして，設立の日又は新たに収益事業を開始した日等の属する事業年度の確定申告書の提出期限までに選定した償却方法を納税地の所轄税務署長に届け出なければならない。

法令53　　なお，選定しなかった場合又は選定した償却方法によらなかった場合は，法定償却方法によって償却費の計算を行うことになる。

法令52①②　　また，いったん選定した償却方法は継続して適用しなければ

ならないが，合理的な理由があれば変更は認められる。償却方法を変更しようとするときは，その新たな償却方法を採用しようとする事業年度開始の日の前日までに，その旨，変更しようとする理由等を記載した申請書を納税地の所轄税務署長に提出し，その承認を受けなければならない。

(3) 期中供用資産の取扱い

事業年度の中途で事業の用に供した場合は，その事業年度の月数のうち事業の用に供した日から事業年度終了の日までの期間（1月未満は1月で計算する）の割合で計算した金額となる（なお，生産高比例法（旧生産高比例法）の場合は，採掘数量で計算するため月数按分は行わない）。

法令59

6　耐用年数

(1) 法定耐用年数

法人税法では，減価償却の計算要素となる耐用年数を，「減価償却資産の耐用年数等に関する省令」（耐用年数省令）で法定している。このため，通常は，償却限度額の計算においては，法定された耐用年数に従った償却率を用いて計算することになる。

法令56

(2) 耐用年数の短縮

減価償却資産の材質又は製作方法が他の減価償却資産の通常の材質又は製作方法と著しく異なることや陳腐化したこと等により，その使用可能期間が法定耐用年数に比して著しく短くなったこと等の事由に該当する場合に，未経過使用可能期間を基礎としてその償却限度額を計算することについて納税地の所轄国税局長の承認を受けたときは，その承認を受けた日の属す

法令57

る事業年度以後の各事業年度の償却限度額の計算については，その未経過使用可能期間が法定耐用年数とみなされる。

(3) 中古資産の耐用年数

耐令3①一

新品の減価償却資産については，法定耐用年数を用いることになるが，中古資産の場合には使用可能期間の年数（残存耐用年数）を見積もり，これを耐用年数とする。

耐令3①二，⑤

また，残存耐用年数の見積もりが困難な場合は，次の算式で計算した年数を残存耐用年数とする簡便法によることができる。なお，この計算で，1年未満の端数は切り捨て，計算した残存耐用年数が2年未満の場合は2年とする。

＜簡便法による残存耐用年数＞

① 法定耐用年数の全部を経過したもの

$$残存耐用年数 = 法定耐用年数 \times \frac{20}{100}$$

② 法定耐用年数の一部を経過したもの

$$残存耐用年数 = （法定耐用年数 - 経過年数）+ 経過年数 \times \frac{20}{100}$$

耐通1-5-6

さらに，一定の場合には，資本的支出の額を区分して計算する方法として，次の算式で計算した年数を残存耐用年数とすることができる。

$$残存耐用年数 = その中古資産の取得価額（資本的支出を含む）÷ \left(\frac{その中古資産の取得価額（資本的支出を除く）}{簡便法による残存耐用年数} + \frac{資本的支出の額}{法定耐用年数} \right)$$

(4) 中古資産につき50％を超える改良費がある場合

耐通1-5-2

取得した中古資産を事業の用に供するに当たって支出した資本的支出の金額が減価償却資産の再取得価額の50％を超えるときは，法定耐用年数を用いることとされ，見積残存耐用年数は使用できない。

7　特別償却

　減価償却費の損金算入の特例として，租税特別措置法で，基本的に青色申告書の提出を要件に，**特別償却**の制度が設けられている。これは，産業政策や中小企業対策等の政策的要請に基づいて設けられている。

　例えば，中小企業者等が機械等を取得した場合の特別償却では，中小企業者等が，一定期間内に新品の特定機械装置等を取得して指定事業の用に供した場合に，初年度において，基準取得価額の30％の特別償却を認めるとするものである。

措法42の6

　この場合の償却限度額は，次のように計算する。

償却限度額＝普通償却限度額＋特別償却限度額

設例11-2　鹿島株式会社は当期首において次の機械装置を取得し，直ちに事業の用に供している。定率法により当期（自令和6年4月1日　至令和7年3月31日）の税務調整の金額を求めなさい。なお，この機械装置は，中小企業者等が機械装置を取得した場合の特別償却又は特別控除の適用対象となるものであるとし，当社は特別償却を選択するものとする。

取得価額	当期償却額	期末帳簿価額	法定耐用年数	定率法償却率
8,000,000円	4,500,000円	3,500,000円	8年	0.250

■ 解　答

(1)　償却限度額

　① 　普通償却限度額

　　8,000,000円×0.250＝2,000,000円

　② 　特別償却限度額

　　8,000,000円×30％＝2,400,000円

　③ 　合計

　　①＋②＝4,400,000円

(2)　償却超過額

　4,500,000円－4,400,000円＝100,000円

■ 解　説

　特別償却の適用を受ける場合，通常の減価償却限度額（普通償却限度額）に特別償却限度額を加算した金額が償却限度額となる。なお，特別償却の適用を受ける場合には，申告書に適用を受ける条項の記載（この設例であれば，別表16（二）に租税特別措置法42の6との記載）が要求されている。

Advance　準備金方式による特別償却

　特別償却の経理方法について，通常の損金経理の方法の他に，特別償却準備金を剰余金の処分として積み立てる方法も認めている（措法52の3）。これは，政策的要請による特別償却については，企業会計において費用として計上することは適正な期間損益計算等の観点から好ましくないと考えられるためである。このため，損金経理を行わない場合であっても，剰余金の処分として特別償却準備金として積み立てることで，法人税法における課税所得の計算上は損金の額に算入できるようにしている。

　また，特別償却だけではなく，特別控除の選択適用が認められる項目も多い。

8　償却超過額・償却不足額の計算

(1)　償却超過額・償却不足額

法法31①

　損金経理をした減価償却費の金額が償却限度額を超える場合には，その差額は償却超過額となる。償却超過額には，帳簿価額は損金不算入として別表四において加算調整を行う。

　損金経理をした減価償却費の金額が償却限度額に満たない場合には，その差額は償却不足額となる。償却不足額が生じる場合は，税務調整は行わない（損金経理をしていれば損金の額に算入される余地が残されていたが，この部分は次期以降の計算に考慮されない（特別償却の場合を除く））。

設例11-3 大洗株式会社の当期（自令和 6 年 4 月 1 日　至令和 7 年 3 月31日）における減価償却資産及び償却の明細は以下のとおりである。所得金額の計算（別表四の作成）をしなさい。

（当期利益は10,000,000円とする。また，前期までの計算は正しく行われているものとする。）

種類等	取得価額	当期償却額	期末帳簿価額	法定耐用年数	償却方法	償却率
建　物	50,000,000円	3,000,000円	45,000,000円	25年	定額法	0.040
備　品	1,500,000円	300,000円	825,000円	8 年	定率法	0.250

※耐用年数 8 年の償却保証率は0.07909である。

■ 解　答

(1) 建　物

① 償却限度額

50,000,000円×0.040＝2,000,000円

② 償却超過額

3,000,000円－2,000,000円＝1,000,000円

(2) 備　品

① 償却限度額

（300,000円＋825,000円）×0.250＝281,250円

（参考）償却保証額　1,500,000円× 0.07909＝118,635円

281,250円　＞　118,635円　　　　　　　　　∴　281,250円

② 償却超過額

300,000円－281,250円＝18,750円

区　　　　分		金　　額
当　期　利　益		10,000,000 円
加算	建物減価償却超過額	1,000,000
	備品減価償却超過額	18,750
	小　　　計	1,018,750
減算		0
	小　　　計	0
仮　　　計		11,018,750
合　計・差　引　計・総　計		11,018,750
所　得　金　額		11,018,750

■ 解　説

　当期償却額は企業会計（確定した決算）において減価償却費として計上した金額となるので，定率法で用いる期首帳簿価額は，期末帳簿価額に当期償却額を加えたものになる。

(2)　繰越償却超過額がある場合

法令62
　　前期以前に生じた**繰越償却超過額**がある場合には，帳簿価額はその償却超過額の減額がなかったものとみなされる。つまり，過去の損金経理ではより多くの減価償却費を計上していても，償却限度額で減価償却したものとして計算する。

　　したがって，定率法（旧定率法）の計算では，法人税法上の期首帳簿価額（期首未償却残高）は，会社計上の期首帳簿価額に繰越償却超過額を加算した金額となる。なお，定額法（旧定額法）では，取得価額から償却限度額を計算する（法人税法上の期首帳簿価額を用いない）ので，繰越償却超過額は考慮する必要はない。

法法31④
　　また，繰越償却超過額がある中で，その事業年度に償却不足額が生じた場合は，過去の損金経理をした金額のうち否認（加算調整）されたものが繰越償却超過額としてあるので，これを当期に損金経理をしたものと考え，この繰越償却超過額までの償却不足額を認容（減算調整）する。

設例11-4 　館山株式会社の次の機械装置について，定率法により当期（自令和6年4月1日　至令和7年3月31日）の税務調整の金額を求めなさい。

取得価額	当期償却額	期末帳簿価額	耐用年数	定率法償却率
20,000,000円	3,000,000円	11,500,000円	8年	0.250

なお，前期以前に発生した繰越償却超過額が500,000円ある。

■ 解　答

(1)　償却限度額

　（3,000,000円 + 11,500,000円 + 500,000円）× 0.250 = 3,750,000円

(2)　認容額

　　3,750,000円 − 3,000,000円 = 750,000円　＞　500,000円　∴500,000円（減算調整）

■ 解　説

　償却限度額で用いる期首帳簿価額の金額は，会社計上の期首帳簿価額（当期償却額＋期末帳簿価額）に繰越償却超過額を加算する。

(3)　繰越償却不足額がある場合

　繰越償却不足額があっても，翌期以降に繰り越して損金算入はできない。このため，繰越償却不足額があっても，償却限度額等の計算において考慮する必要はない。

> **設例11-5**　千葉株式会社の次の機械装置について，定率法により当期（自令和6年4月1日　至令和7年3月31日）の税務調整の金額を求めなさい。
>
> | 取得価額 | 当期償却額 | 期末帳簿価額 | 耐用年数 | 定率法償却率 |
> |---|---|---|---|---|
> | 20,000,000円 | 4,200,000円 | 11,800,000円 | 8年 | 0.250 |
>
> なお，前期以前に発生した繰越償却不足額が1,000,000円ある。
>
> **■ 解　答**
>
> (1)　償却限度額
>
> 　（4,200,000円 + 11,800,000円）× 0.250 = 4,000,000円
>
> (2)　償却超過額
>
> 　4,200,000円 − 4,000,000円 = 200,000円（加算調整）
>
> **■ 解　説**
>
> 繰越償却不足額は，計算上用いない資料となる。

|Advance|　特別償却の場合の繰越償却不足額

　特別償却の償却不足額については，青色申告書で，かつ，明細書を添付した場合，1年間の繰越しが認められる。この場合の償却限度額は通常の償却限度額に特別償却の繰越償却不足を加算した金額となる。

　例えば，定率法では，次のような計算になる（措法52の2）。

償却限度額 =（期首帳簿価額 − 繰越償却不足額）× 定率法償却率 + 繰越償却不足額

9   売却・廃棄等

　売却の場合は，直前の税務上の帳簿価額に基づき，売却損益を計上する。また，廃棄・取り壊しの場合は，直前の帳簿価額（税務上の帳簿価額）をその事業年度の損金の額に算入する。売却等した資産に繰越超過額がある場合には，認容する。

法基通7-7-2　なお，廃棄しない場合でも，今後通常の方法で事業の用に供する可能性がないと認められる場合（いわゆる有姿除却）は，帳簿価額から処分見込額を差し引いた金額を損金の額に算入することができる。ただし，実務上は，事業の用に供する可能性がないことを強く主張できる状況でなければ認められないことも多いので，注意が必要である。

Training

11-1 ◆文章問題

次の各文章の空欄に適切な語句を記入しなさい。

1．減価償却資産とは建物，構築物，機械及び装置，　ア　，車両及び運搬具，工具，器具及び備品，鉱業権その他の資産で　イ　をすべきものとして一定のものをいう。
（2級101回1-4，98回1-3）

2．新たに設立した内国法人は，その設立の日の属する事業年度の　ウ　の提出期限までに，減価償却資産につき，選定した　エ　の方法を書面により納税地の所轄税務署長に届け出なければならない。（3級94回1-5）

3．内国法人は，減価償却資産につき選定した償却の方法を変更しようとするときは，その新たな償却の方法を採用しようとする事業年度　オ　の日の前日までに，所定の事項を記載した申請書を納税地の所轄税務署長に提出し，その　カ　を受けなければならない。（2級111回1-4，105回1-1）

4．減価償却資産の償却の方法を選定しなかった場合又は選定した方法により償却しなかった場合には，鉱業用減価償却資産及び鉱業権については　キ　により償却する。
（1級91回1-5改題）

（解答欄）

ア		イ		ウ		エ	

オ		カ		キ	

11-2 ◆計算問題（2級第110回第2問一部改題）

　内国法人である甲株式会社（以下「甲社」という。）は，物品販売業を営む非同族会社であり，当期（自令和6年4月1日　至令和7年3月31日）末の資本金の額は30,000,000円である。

　甲社の当期における確定申告書に記載すべき課税標準である所得の金額を計算しなさい。

＜資料＞

1．確定した決算による当期利益の額　　　　　　　　　　　　　　　40,000,000円

2．所得金額の計算上税務調整を検討する事項

　当期における減価償却資産及び償却の明細は以下のとおりである。

種類等	取得価額	当期償却費	期末帳簿価額	法定耐用年数	償却方法	備考
倉庫用建物	70,000,000円	2,000,000円	53,945,000円	38年	定額法	注1
車　　両	3,000,000円	300,000円	243,200円	5年	定率法	注2

（注1）倉庫用建物は，平成28年10月10日に取得し，直ちに事業の用に供しているが，前期において120,000円の減価償却不足額が生じている。

　　　倉庫用建物は，当期の9月15日に価値の増加を伴う大規模修繕を行った。この大規模修繕は用途変更のための模様替えによる改装であり，直接要した費用の額12,000,000円は修繕費勘定で損金経理している。なお，資本的支出部分があれば，新たに取得したものとして減価償却費を計算する方法（償却方法及び耐用年数は既存資産と同じ方法及び年数とする）によること。

（注2）車両は，令和3年1月16日に取得し，直ちに事業の用に供しているが，前期までに発生した減価償却超過額が40,000円ある。

　償却率は次のとおりである。

区　　分	5年	38年
定額法	0.200	0.027
定率法	0.400	0.053
定率法改定償却率	0.500	0.056
定率法保証率	0.10800	0.01882

（解答欄）

別表四

区		分	金　　　額
当　　期　　利　　益			円
加算			
	小　　　　　計		
減算			
	小　　　　　計		
仮　　　　　　計			
合　計　・　差　引　計　・　総　計			
所　　得　　金　　額			

所得金額の計算過程

減価償却	(1)　倉庫用建物
	①　償却限度額
	②　償却超過額
	(2)　倉庫用建物（改装）
	①　判　定
	この大規模修繕は資本的支出に該当（する・しない）
	②　償却限度額
	③　償却超過額
	(3)　車　両
	①　償却限度額
	i　調整前償却額

ⅱ　償却保証額

ⅲ　判　定

∴　改定償却額により計算（する・しない）

ⅳ　改定償却額

②　償却超過額

考えてみよう

　減価償却の計算の基礎となる耐用年数については耐用年数省令があり，実務上多く利用されているが，企業会計への逆基準性も指摘されるところである。逆基準性の内容を整理し，その問題点を考察しなさい。

Column 7　法人税法が出題範囲に含まれる試験

　法人税法のみが出題される試験・検定としては，税理士試験法人税法と全国経理教育協会の法人税法能力検定がある。巻末に「さらに学習する人へ」として概要を記載しているので本書の学習を通じて，是非，チャレンジしてもらいたい。

　さらに，法人税法が出題範囲に含まれる試験を考えてみると，公認会計士試験と司法試験が挙げられる。

　公認会計士試験では，短答式試験と論文式試験の2段階で行われるが，論文式試験に租税法の科目があり，租税法の中に法人税が含まれる。司法試験では，短答式試験と論文式試験があり，論文式試験の選択科目に租税法があり，この租税法の中に法人税法が含まれる。

　どちらの試験も，難関国家試験として有名な試験であり，法人税法以外の学習が必要になるが，合格すれば大きな武器になる資格であるので，やる気のある人はチャレンジしてもらいたい。

第 12 章

圧 縮 記 帳

1 圧縮記帳の意義と課税の繰延べ

設備投資のため国等から補助金を受けた場合や火災等による固定資産の滅失のために保険金を受け取った場合にも，法人税法では，資本等取引以外の取引から生じる収益である以上，益金の額に算入されるものとして取り扱われる。

しかし，これらの収益に課税すると，設備投資や滅失資産に代替する資産の再取得が困難になることが考えられる。このため，**圧縮記帳**により，補助金等の受贈益について固定資産の取得価額から減額することを認め，補助金等の収入時等の即時の課税を避けることを認めている。圧縮記帳により即時の課税が回避されるが，取得価額を減額するため減価償却費や譲渡原価が減少することになり，その後に課税の取戻しが行われることになる。このことから，圧縮記帳は**課税の繰延べ**であると説明される。

設例12-1 鴨川株式会社は，×1年に国庫補助金を取得し，交付目的に合致した固定資産を取得した。×1年から×5年までの利益と税額につき，圧縮記帳を(1)しない場合と(2)する場合に分けて計算しなさい。

＜資料＞

固定資産（建物）の取得（購入代価300，耐用年数5年，定額法償却率0.200）

国庫補助金取得（200），その他の毎年の収益（100）

税額は利益の40％と仮定

■ 解　答

(1) 圧縮記帳をしない場合

	×1年	×2年	×3年	×4年	×5年
収益	300	100	100	100	100
費用	60	60	60	60	60
利益	240	40	40	40	40
税額	96	16	16	16	16

×1年の仕訳

(借)当座預金 200 （貸)国庫補助金受贈益（収益) 200
　　建　　物 300 　　当座預金 300
　　減価償却費 60 　　建　　物 60

＊費用（減価償却費）　300×0.200＝60
　初年度（×1年）に，国庫補助金の受贈益分の課税（200×40％＝80）が生じている。

(2) 圧縮記帳する場合

	×1年	×2年	×3年	×4年	×5年
収益	300	100	100	100	100
費用	220	20	20	20	20
利益	80	80	80	80	80
税額	32	32	32	32	32

×1年の仕訳

(借)当座預金 200 （貸)国庫補助金受贈益（収益) 200
　　建　　物 300 　　当座預金 300
　　固定資産圧縮損 200 　　建　　物 200
　　減価償却費 20 　　建　　物 20

＊費用（減価償却費）　（300－200）×0.200＝20

■ 解　説

　このように，圧縮記帳の有無にかかわらず5年間の税額は同じ（どちらも160）。異なるのは課税される時期であり，圧縮記帳すると課税の繰延べになる。

2　国庫補助金等により取得した資産の圧縮記帳

(1)　国庫補助金等の返還を要しないことが確定している場合

　固定資産の取得又は改良に充てるための**国庫補助金等**の交付を受け，国庫補助金等でその交付の目的に適合した固定資産の取得又は改良をした場合には圧縮記帳が認められる。なお，国庫補助金等の交付に代えて固定資産の交付を受けた場合にも圧縮記帳の適用が受けられる。

法法42①②，法令80

　国庫補助金等により取得した資産の圧縮記帳では，その固定資産につき，その取得又は改良に充てた国庫補助金等の額に相当する金額（圧縮限度額）の範囲内でその帳簿価額を損金経理により減額する方法以外にも，その圧縮限度額以下の金額をその事業年度の確定した決算において積立金として積み立てる方法により経理する方法も認められている。

　　圧縮限度額＝その取得又は改良に充てた国庫補助金等の額

(2)　国庫補助金等の返還を要しないことが確定していない場合（特別勘定）

　固定資産の取得又は改良に充てるための国庫補助金等の交付を受けたが，国庫補助金等の返還を要しないことが確定していないという場合でも，返還の要否が確定するまで国庫補助金等の額に相当する金額以下の金額を特別勘定として経理する方法が認められている。

　特別勘定として経理した金額は，その事業年度の損金の額に算入されるが，その後国庫補助金等の返還の要否が確定した事業年度において，特別勘定を取り崩して益金の額に算入する。なお，返還不要が確定した場合には，特別勘定の金額のうち次の金額を圧縮限度額として圧縮記帳が認められている。

法法43①②③

法法44①，法令82

$$圧縮限度額＝目的資産の帳簿価額×\frac{返還不要確定額}{目的資産の取得価額}$$

> **設例12-2** 柏株式会社では，当期（自令和6年4月1日　至令和7年3月31日）に建物の取得に充てるための国庫補助金14,000,000円の交付を受け，当期の収益に計上している。そして，当期の10月15日に交付の目的に適合した建物（耐用年数は24年であり，定額法償却率は0.042）を40,000,000円で取得し，直ちに事業の用に供している。
>
> 　当期中に国庫補助金の返還不要が確定しており，当期において損金経理により建物圧縮損15,000,000円及び減価償却費800,000円を計上した。
>
> 　当期における償却超過額を計算しなさい。
>
> **■ 解　答**
> **(1)　圧縮限度額**
> 　14,000,000円　＜　40,000,000円　　∴　14,000,000円
> **(2)　圧縮超過額**
> 　15,000,000円－14,000,000円＝1,000,000円
> **(3)　償却限度額**
> 　$(40,000,000円－14,000,000円)×0.042×\frac{6月}{12月}＝546,000円$
> **(4)　償却超過額**
> 　$(800,000円＋1,000,000円)－546,000円＝1,254,000円$
> **■ 解　説**
> 　減価償却資産の圧縮超過額は，減価償却の償却超過額の計算において，当期に損金経理した減価償却費に加算する。

3　保険金等で取得した固定資産等の圧縮記帳

(1)　代替資産の取得をした場合

法法47①②，法令85，86

　所有固定資産の滅失又は損壊により保険金等の支払いを受け，その事業年度においてその保険金等をもってその滅失をした所有固定資産に代替する同一種類の固定資産（代替資産）の取得

をし，又はその損壊をした所有固定資産若しくは代替資産となるべき資産の改良をした場合には，圧縮記帳が認められる。なお，保険金等の支払いに代わるべきものとして代替資産の交付を受けた場合にも，圧縮記帳が認められる。

　保険金等で取得した固定資産等の圧縮記帳では，これらの固定資産につき，その取得又は改良に充てた保険金等に係る差益金**（保険差益）**の額として計算した金額（圧縮限度額）の範囲内でその帳簿価額を損金経理により減額する方法以外にも，その圧縮限度額以下の金額をその事業年度の確定した決算において積立金として積み立てる方法により経理する方法も認められている。

$$保険差益の額＝（保険金等の額－滅失経費の額）－被害資産の被害部分の帳簿価額$$

$$圧縮限度額＝保険差益の額×\frac{代替資産の取得又は改良に充てた保険金等の額}{保険金等の額－滅失経費の額}$$

⑵　代替資産を取得しなかった場合（特別勘定）

　所有固定資産の滅失又は損壊により保険金等の支払いを受けたが，代替資産を取得していない場合でも，保険金の支払いを受けた事業年度終了後2年以内（指定期間）に代替資産の取得等をしようとするときは，特別勘定として経理する方法が認められている。

　特別勘定として経理した金額は，その事業年度の損金の額に算入されるが，代替資産を取得した場合や指定期間を経過した場合等には，特別勘定を取り崩して益金の額に算入する。なお，代替資産を取得した場合には，⑴と同額の圧縮限度額で圧縮記帳が認められる。

法法48①②③

法法49①，法令91

設例12-3 市原株式会社では，当期（自令和6年4月1日　至令和7年3月31日）に倉庫用建物で火災が生じた。当期における償却超過額を計算しなさい。

1．当期の6月10日に倉庫用建物（焼失直前の帳簿価額14,100,000円）及び商品（減失直前の帳簿価額10,000,000円）が火災により全焼している。

2．火災に伴い減失経費として支出した金額の内訳は次のとおりである。なお，共通経費の各資産への配賦は，受取保険金の比によるのが合理的であると認められる。

① 消防に要した費用　　　　　　　　　　　　　　　　　　　　　500,000円

② けが人への見舞い費用　　　　　　　　　　　　　　　　　　　300,000円

③ 焼跡の整理費用　　　　　　　　　　　　　　　　　　　　　1,300,000円

④ 新聞に謝罪広告を掲載した費用　　　　　　　　　　　　　　　500,000円

3．当期に保険会社から保険金として建物分25,000,000円，商品分5,000,000円を受け取り，受け取った保険金で焼失前と用途を同じくする建物（耐用年数は24年であり，定額法償却率は0.042）を当期の11月2日に21,000,000円で取得し，直ちに事業の用に供している。

4．市原株式会社では当期に損金経理により建物に係る圧縮損10,000,000円及び建物に係る減価償却費500,000円を計上している。

■ 解 答

(1) 減失等により支出した経費の額

$$(500,000円+1,300,000円)\times\frac{25,000,000円}{25,000,000円+5,000,000円}=1,500,000円$$

(2) 改訂保険金等の額

25,000,000円－1,500,000円＝23,500,000円

(3) 保険差益の額

23,500,000円－14,100,000円＝9,400,000円

(4) 圧縮限度額

$$9,400,000円\times\frac{21,000,000円（注）}{23,500,000円}=8,400,000円$$

（注）23,500,000円　＞　21,000,000円　　∴21,000,000円

(5) 圧縮超過額

10,000,000円－8,400,000円＝1,600,000円

(6) 償却限度額

$$(21,000,000円-8,400,000円)\times0.042\times\frac{5月}{12月}=220,500円$$

(7)　償却超過額

（500,000円＋1,600,000円）　－220,500円＝1,879,500円

■ 解　説

　代替資産は，滅失等した固定資産の代替となる同一種類の固定資産が対象なので，棚卸資産等は代替資産とならない。滅失等により支出した経費の額は，滅失等した固定資産に直接関連した支出とされ，けが人への見舞い費用や新聞に謝罪広告を掲載した費用等は含まれない。

4　交換により取得した資産の圧縮記帳

　固定資産の**交換**は，法人税法上は譲渡として取り扱われるので，交換譲渡資産の帳簿価額と交換取得資産の時価の差額は交換差損益を認識することとなる。しかし，同種同一用途の固定資産の交換により生じる交換差損益は名目的な損益と考えられるので，圧縮記帳が認められる。

　交換により取得した資産の圧縮記帳が認められるのは，交換の当事者において１年以上有していたものであり，交換の相手方において交換のために取得したと認められるものでないものとされる。また，交換取得資産を交換譲渡資産の譲渡直前の用途と同一用途に供することも要件とされる。　　　　　　**法法50①②**

　さらに，土地，建物，機械及び装置，船舶，鉱業権とこれと同一種類の資産の交換であり，交換の時における取得資産の価額と譲渡資産の価額との差額が，いずれか多い価額の20％以内であることが求められている。

　これらの要件を満たした交換により取得した資産について，次の圧縮限度額の範囲内で圧縮記帳した場合，損金の額に算入される。　　　　　　**法令92**

①　交換差金がない場合

$$\text{圧縮限度額}\ (\text{交換差益}) = \text{交換取得資産の時価} - \left(\text{交換譲渡資産の帳簿価額} + \text{譲渡経費の額} \right)$$

② 交換差金を取得した場合

$$
\begin{array}{c}
圧縮限度額 \\
(交換差益)
\end{array}
=
\begin{array}{c}
交換取得 \\
資 産 の \\
時価
\end{array}
-
\left(
\begin{array}{c}
交換譲渡 \\
資 産 の \\
帳簿価額
\end{array}
+
\begin{array}{c}
譲渡経費 \\
の額
\end{array}
\right)
\times
\dfrac{
\begin{array}{c}
交換取得資産 \\
の時価
\end{array}
}{
\begin{array}{c}
交 換 取 得 \\
資産の時価
\end{array}
+
\begin{array}{c}
交換 \\
差金
\end{array}
}
$$

③ 交換差金を支払った場合

$$
\begin{array}{c}
圧縮限度額 \\
(交換差益)
\end{array}
=
\begin{array}{c}
交 換 取 得 \\
資産の時価
\end{array}
-
\left(
\begin{array}{c}
交換譲渡資産 \\
の帳簿価額
\end{array}
+
\begin{array}{c}
譲渡経費 \\
の額
\end{array}
+
\begin{array}{c}
交換 \\
差金
\end{array}
\right)
$$

設例12-4 船橋株式会社は，当期（自令和6年4月1日 至令和7年3月31日）の10月25日に以前から使用していた船橋株式会社所有の建物（譲渡直前の帳簿価額30,000,000円，時価50,000,000円）とA社所有の建物（時価45,000,000円）を交換し，直ちに交換取得資産を事業の用に供している。交換譲渡資産及び交換取得資産は，それぞれ船橋株式会社及びA社が10年以上所有していたものであり，船橋株式会社及びA社において交換のために取得したものではない。また，交換取得資産は，交換譲渡資産の譲渡直前の用途と同一の用途に供している。

船橋株式会社は，この交換に際し，交換差金として受け取った現金5,000,000円を当期の収益に計上している。また，譲渡経費1,500,000円を現金で支払っている。

船橋株式会社では，交換取得資産につき，建物圧縮損20,000,000円及び建物減価償却費1,500,000円を損金経理しており，建物圧縮損は交換取得資産の帳簿価額から直接減額している。

なお，交換取得資産の中古の耐用年数は10年（定額法償却率0.100）と見積もられるものとする。

■ 解 答

(1) 交換適用の判定

① 50,000,000円 − 45,000,000円 = 5,000,000円

② 50,000,000円 × 20% = 10,000,000円

③ 5,000,000円 ≦ 10,000,000円 ∴圧縮記帳の適用あり

(2) 譲渡経費

1,500,000円

(3) 圧縮限度額

$$
45,000,000円 − (30,000,000円 + 1,500,000円) \times \dfrac{45,000,000円}{45,000,000円 + 5,000,000円}
$$

$$
= 16,650,000円
$$

⑷ **圧縮超過額**

20,000,000円 − 16,650,000円 = 3,350,000円

⑸ **償却限度額**

$(45,000,000円 − 16,650,000円) \times 0.100 \times \dfrac{6月}{12月} = 1,417,500円$

⑹ **償却超過額**

$(1,500,000円 + 3,350,000円) − 1,417,500円 = 3,432,500円$

■ **解 説**

交換差金を受け取った場合と交換差金を支払った場合で，圧縮限度額の計算が異なるので注意すること。

Advance 収用等があった場合の圧縮記帳又は5,000万円特別控除

法人の有する資産（棚卸資産を除く）が土地収用法等の規定によって収用等され，補償金等を取得した場合には，その収用等による譲渡益について，代替資産の圧縮記帳又は5,000万円特別控除の選択適用ができる（措法64①，65の2）。なお，この取扱いは換地処分等があった場合等にも適用される（措法65①）。

圧縮記帳の適用を受ける場合は，次の金額を圧縮限度額とし，国庫補助金等と同様の処理となる。

$圧縮限度額 = \dfrac{代替資産の取得に}{充てた補償金等の額} \times \dfrac{補償金等の額 − 譲渡資産の帳簿価額}{補償金等の額} (差益割合)$

なお，5,000万円特別控除とは，譲渡益と5,000万円（既に損金算入した5,000万円特別控除がある場合はその金額を控除した金額）のいずれか低い金額を，申告書上で損金の額に算入することができる制度である。

Training

12-1 ◆文章問題

次の各文章の空欄に適切な語句を記入しなさい。

1. 固定資産の取得又は改良に充てるための国庫補助金等（返還不要は確定している）の交付を受け，国庫補助金等でその ア に適合した固定資産の取得又は改良をした場合には イ が認められる。

（解答欄）

ア		イ	

12-2 ◆計算問題(1)　国庫補助金等 （2級第108回第3問一部改題）

　内国法人である甲株式会社（以下「甲社」という。）は，卸売業を営む非同族会社であり，当期（自令和6年4月1日　至令和7年3月31日）末の資本金の額は50,000,000円である。

　甲社の当期における確定申告書に記載すべき課税標準である所得の金額を計算しなさい。

＜資料＞

　1．確定した決算による当期利益の額　　　　　　　　　　　　　　　30,000,000円

　2．所得金額の計算上税務調整を検討する事項

　　⑴　甲社は，当期の8月5日に建物の取得に充てるための国庫補助金10,000,000円の交付を受け，当期の収益に計上している。

　　⑵　当期の10月10日に交付の目的に適合した建物を35,000,000円で取得し，10月15日から事業の用に供している。

　　⑶　当期の1月31日に国庫補助金の返還不要が確定している。

　　⑷　当期において損金経理により，建物圧縮損12,000,000円及び減価償却費575,000円を計上している。

　　⑸　取得した建物の耐用年数は20年，定額法の償却率は0.050である。

（解答欄）

別表四

区　　　　　　　　　　　　　　分		金　　　額
	当　　期　　利　　益	円
加算		
	小　　　　計	
減算		
	小　　　　計	
	仮　　　　　　　　計	
	合　計・差　引　計・総　計	
	所　　得　　金　　額	

所得金額の計算過程

国庫補助金	(1)	圧縮限度額	∴
	(2)	圧縮超過額	
	(3)	償却限度額	
	(4)	償却超過額	

12-3 ◆計算問題(2)　保険差益（2級第111回第3問一部改題）

　内国法人である甲株式会社（以下「甲社」という。）は，卸売業を営む非同族会社であり，当期（自令和6年4月1日　至令和7年3月31日）末の資本金の額は30,000,000円である。

　甲社の当期における確定申告書に記載すべき課税標準である所得の金額を計算しなさい。

　＜資料＞

1．確定した決算による当期利益の額　　　　　　　　　　　　　　30,000,000円

2．所得金額の計算上税務調整を検討する事項

　(1)　甲社は当期の9月14日に事務所用建物が火災により全焼している。

　　　なお，焼失した資産の焼失直前の帳簿価額（税務上適正額）は次のとおりであり，当期の費用に計上している。

　　① 事務所用建物A　　　　　　　　　　　　　　　　　　　23,106,000円

　　② 商品B　　　　　　　　　　　　　　　　　　　　　　　3,200,000円

　(2)　火災に伴い減失経費として支出した金額の内訳は次のとおりであり，共通経費の各資産への配賦は，受取保険金の比によるのが合理的であると認められる。

　　① 消防に要した費用　　　　　　　　　　　　　　　　　　　560,000円

　　② 焼跡の整理費用　　　　　　　　　　　　　　　　　　　1,600,000円

　　③ 新聞に謝罪広告を掲載した費用　　　　　　　　　　　　1,800,000円

　　④ けが人への見舞金　　　　　　　　　　　　　　　　　　　900,000円

　(3)　甲社は当期の11月5日に保険会社から保険金として建物分27,000,000円，商品分3,000,000円を受け取り，収益に計上している。

　　　なお，受け取った保険金で事務所用建物Cを当期の12月15日に40,000,000円で

取得し，直ちに事業の用に供している。

(4) 甲社が当期に損金経理により計上した金額は次のとおりである。

① 事務所用建物Cに係る圧縮損　　　　　　　　　　　　　2,800,000円

② 事務所用建物Cに係る減価償却費　　　　　　　　　　　　300,000円

(5) 事務所用建物の耐用年数は38年（定額法償却率0.027）である。

（解答欄）

別表四

区　　　　　　　　　分		金　　　額
当　　期　　利　　益		円
加算		
	小　　　　　計	
減算		
	小　　　　　計	
仮　　　　　　　　　計		
合　計　・　差　引　計　・　総　計		
所　　得　　金　　額		

所得金額の計算過程

保険差益	(1) 滅失等により支出した経費の額
	(2) 改訂保険金等の額
	(3) 保険差益の額
	(4) 圧縮限度額
	∴
	(5) 圧縮超過額
	(6) 償却限度額

	(7)　償却超過額	

12-4 ◆計算問題(3)　交換差益 （2級第105回第3問一部改題）

内国法人である甲株式会社（以下「甲社」という。）は，製造業を営む非同族会社であり，当期（自令和6年4月1日　至令和7年3月31日）末の資本金の額は40,000,000円である。

甲社の当期における確定申告書に記載すべき課税標準である所得の金額を計算しなさい。

＜資料＞

1．確定した決算による当期利益の額　　　　　　　　　　　　　　　　　30,000,000円

2．所得金額の計算上税務調整を検討する事項

(1)　当期の7月7日に甲社所有の土地とA社所有の土地を交換したが，その内容は次のとおりである。

区　分	交　換　譲　渡　資　産		交換取得資産
	譲渡時の時価	譲渡直前の帳簿価額	取得時の時価
土　地	76,000,000円	52,020,000円	68,000,000円
現　金	－	－	8,000,000円
合　計	76,000,000円	52,020,000円	76,000,000円

(2)　甲社は，この交換に際し，譲渡経費2,700,000円を支払っており，当期の費用に計上している。また，交換差金として受け取った現金8,000,000円は当期の収益に計上している。

(3)　甲社は，交換取得資産につき，土地圧縮損22,000,000円を損金経理するとともに，同額を交換取得資産の帳簿価額から直接減額している。

(4)　この交換は，圧縮記帳の要件をすべて満たしている。

152 ◆

（解答欄）

別表四

区　　　　　　　　　　分	金　　額
当　　期　　利　　益	円
加算	
小　　　　　計	
減算	
小　　　　　計	
仮　　　　　　　計	
合　計　・　差　引　計　・　総　計	
所　　得　　金　　額	

所得金額の計算過程

交換差益	(1) 圧縮限度額　　　　　　　　　　　　　　　　　　　　　　　(2) 圧縮超過額

（考えてみよう）

　圧縮記帳の意義を整理した上で，企業会計における圧縮損計上の問題点を考察しなさい。

第13章

繰 延 資 産

1 繰延資産の範囲

(1) 繰延資産の意義

　企業会計では，繰延資産の取扱いについて，企業会計基準委員会から実務対応報告第19号「繰延資産の会計処理に関する当面の取扱い」が公表されている。ここでは，創立費，開業費，開発費，株式交付費，社債発行費等を限定列挙し，原則として費用処理としながらも，繰延資産として計上することも認めている。

　そもそも**繰延資産**とは，企業会計原則注解15で定められており，「すでに代価の支払が完了し又は支払義務が確定し，これに対応する役務の提供を受けたにもかかわらず，その効果が将来にわたって発現するものと期待される費用」について，「これらの費用は，その効果が及ぶ数期間に合理的に配分するため，経過的に貸借対照表上繰延資産として計上することができる」としていたもので，実務対応報告第19号もこの考え方を引き継いでいる。

　このように，将来の収益との対応関係等を考慮した場合，対価の支払が完了し役務提供を受けていたとしても，将来の期間で効果が発現し収益計上に貢献する費用については，当期の損

益計算から除外し，会計上の資産として計上しようとするものである。

　法人税法でも，同様の考え方から，一定の費用を繰延資産として計上する。

⑵　法人税法における繰延資産の範囲

法法2二十四，法令14①

　法人税法では，繰延資産について，法人が支出する費用のうち支出の効果がその支出の日以後1年以上に及ぶもので次のものが該当する。なお，資産の取得に要した金額とされるべき費用及び前払費用は，繰延資産から除かれる。

繰延資産の種類と内容及び償却方法

繰延資産の種類	内　容	償却方法
創立費	企業会計における内容と同じ	任意償却 （税務調整なし）
開業費		
開発費		
株式交付費		
社債等発行費		
その他（税法独自の繰延資産）	自己が便益を受ける公共的施設又は共同的施設の設置又は改良のために支出する費用	均等償却
	資産を賃借し又は使用するために支出する権利金，立ちのき料その他の費用	
	役務の提供を受けるために支出する権利金その他の費用	
	製品等の広告宣伝の用に供する資産を贈与したことにより生ずる費用	
	上記に掲げる費用のほか，自己が便益を受けるために支出する費用	

法令134

　なお，少額の繰延資産（均等償却を行う繰延資産で支出する金額が20万円未満のもの）は，その支出する日の属する事業年度において損金経理したときは，繰延資産として計上せずに損金の額に算入することが認められている。

2　繰延資産の償却方法

　まず，創立費，開業費，開発費，株式交付費，社債等発行費 **法法32①，法令64①一**
は，（社債発行費等と社債等発行費のような微細な用語の差異は存
在するが）その内容は，実務対応報告第19号と同じものであり，
法人税法では任意償却（その繰延資産の額を償却限度額とする方
法）が認められているので，税務調整は生じない。

　次に，**税法独自の繰延資産**については，これらは法人税法で **法令64①二**
は資産計上が強制され，また，均等償却（支出の効果の及ぶ期
間の月数にわたり均等に償却する方法）によることとされている。

　均等償却を行う繰延資産（税法独自の繰延資産）の償却限度
額は次のとおりである。

$$\begin{matrix}\text{税法独自の繰延資産} \\ \text{の償却限度額}\end{matrix} = \text{繰延資産の額} \times \frac{\text{当期の月数}}{\text{支出の効果の及ぶ期間の月数}}$$

＊1月未満の月数は1月として取り扱う。

Key Point　企業会計との差異

　企業会計においても，繰延資産は適正な期間損益計算の観点から強制計上すべ
きとの考え方もあるが，会社法（商法）における債権者保護の考え方からは個別
に売却可能性のない繰延資産の計上には消極的な見解もあり，従来から「毎期均
等額以上の償却」とされ，早期償却が認められていた。実務対応報告第19号でも，
原則は費用処理であり，例外的に繰延資産としての計上が認められている。

　これに対し，法人税法では，実務対応報告第19号が列挙する繰延資産について
は，任意償却が定められている点で処理は一致するが，これ以外に税法独自の繰
延資産が定められている点及び税法独自の繰延資産では強制計上し均等償却が求
められている点で差異が生じている。

　繰延資産については，収益との対応や効果の発現に着目した費用計上している
点からは，企業会計よりも法人税法の方が理論的妥当性の高い処理を求めている
ことになる。

[Advance] 税法独自の繰延資産の償却期間

税法独自の繰延資産の償却期間は，次のように定められている（法基通 8 - 1 -
3 〜 8 - 1 -13, 8 - 2 - 3 〜 8 - 2 - 5)。

種類	細　目	償却期間
公共的施設の設置又は改良のために支出する費用	(1)　その施設又は工作物がその負担した者に専ら使用されるものである場合	その施設又は工作物の耐用年数の$\frac{7}{10}$
	(2)　(1)以外の施設又は工作物の設置又は改良の場合	その施設又は工作物の耐用年数の$\frac{4}{10}$（港湾しゅんせつの受益者負担金については最高10年）
	(3)　都市計画法等による公共下水道の受益者負担金の場合	6年
共同的施設の設置又は改良のために支出する費用	(1)　その施設がその負担者又は構成員の共同の用に供されるものである場合又は協会等の本来の用に供されるものである場合	イ　施設の建設又は改良に充てられる部分の負担金については，その施設の耐用年数の$\frac{7}{10}$（本来の用に供される会館等の建設又は改良のために負担する負担金については最長10年） ロ　土地の取得に充てられる部分の負担金については45年
	(2)　商店街等における共同のアーケード，日よけ，アーチすずらん灯等負担者の共同の用に供されるとともに併せて一般公衆の用にも供されるものである場合	5年（耐用年数が5年未満である場合には，その耐用年数）
建物を賃借するために支出する権利金等	(1)　建物の新築に際しその所有者に対して支払った権利金等でその権利金等の額がその建物の賃借部分の建設費の大部分に相当し，かつ，実際上その建物の存続期間中賃借できる状況にあると認められるものである場合	その建物の耐用年数の$\frac{7}{10}$

(2)　建物の賃借に際して支払った(1)以外の権利金等で，契約，慣習等によってその明渡しに際して借家権として転売できることになっているものである場合	その建物の賃借後の見積残存耐用年数の$\frac{7}{10}$
(3)　(1)及び(2)以外の権利金等の場合	5年（契約による賃借期間が5年未満である場合は，その賃借期間）
電子計算機その他の機器の賃借に伴って支出する費用	その機器の耐用年数の$\frac{7}{10}$（契約による賃借期間を超えるときは，その賃借期間）
ノウハウの頭金等	5年（5年未満である場合には，その有効期間の年数）
広告宣伝の用に供する資産を贈与したことにより生ずる費用	その資産の耐用年数の$\frac{7}{10}$（5年を超えるときは，5年）
スキー場のゲレンデ整備費用	12年
出版権の設定の対価	設定契約に定める存続期間（定めがないときは，3年）
同業者団体等（社交団体を除く）の加入金	5年
職業運動選手等の契約金等	契約期間（定めがないときは，3年）

＊土地の価額（舗装費を含む）が繰延資産となる公共施設の設置又は改良のために支出する費用に該当するときは，その償却期間の基礎となる耐用年数は15年として取り扱う。
　また，償却期間に1年未満の端数があるときは切り捨てる。

3　償却超過額・償却不足額の計算

(1)　償却超過額・償却不足額

　損金経理をした繰延資産の償却費の金額が償却限度額を超える場合には，その差額は償却超過額となる。償却超過額は，損金不算入として別表四において加算調整を行う。　**法法32①**

損金経理をした償却費の金額が償却限度額に満たない場合には，その差額は償却不足額となる。償却不足額が生じる場合は，税務調整は行わない（損金経理をしていれば損金の額に算入される余地が残されていたが，この部分は次期以降の計算に考慮されない）。

(2) 繰越償却超過額がある場合

法令65　　　　　前期以前に生じた繰越償却超過額がある場合には，帳簿価額はその償却超過額の減額がなかったものとみなされる。つまり，損金経理ではより多くの償却費を計上していても，償却限度額で償却費を計上したものとして計算する。

設例13-1　君津株式会社の当期（自令和6年4月1日　至令和7年3月31日）の所得の金額を計算しなさい。

当期の8月12日に同業者団体等（社交団体ではない）の加入金300,000円を支出し，その全額を諸会費とし損金経理している。

この加入金は，繰延資産に該当するものであり，その支出の効果の及ぶ期間は5年である。

■ 解　答

(1)　**会社計上償却費**

300,000円

(2)　**償却限度額**

$$300,000円 \times \frac{8月}{5年 \times 12月} = 40,000円$$

(3)　**償却超過額**

(1)−(2)＝260,000円

■ 解　説

問題文に与えられている支出の効果の及ぶ期間（5年）にわたり月数按分する。

Training

13-1 ◆文章問題

次の各文章の空欄に適切な語句を記入しなさい。

1. 繰延資産とは，法人が支出する　ア　のうち，その支出の効果がその支出の日以後　イ　以上に及ぶもので特定のものをいう。（2級108回1-3，103回1-4）

（解答欄）

ア		イ	

13-2 ◆計算問題（2級第111回第3問一部改題）

内国法人である甲株式会社（以下「甲社」という。）は，卸売業を営む非同族会社であり，当期（自令和6年4月1日　至令和7年3月31日）末の資本金の額は40,000,000円である。

甲社の当期における確定申告書に記載すべき課税標準である所得の金額を計算しなさい。

＜資料＞

1. 確定した決算による当期利益の額　　　　　　　　　　　　20,000,000円

2. 所得金額の計算上税務調整を検討する事項

当期の10月22日に地元商店街のアーケード設置のため，負担金900,000円を支出し，損金経理により費用処理している。なお，このアーケードの法定耐用年数は15年である。

（解答欄）

別表四

区　　　　　　　　　　分				金　　　額
当　　期　　利　　益				円
加算				
	小　　　　計			
減算				
	小　　　　計			
仮　　　　　　　　計				
合　計・差　引　計・総　計				
所　　得　　金　　額				

所得金額の計算過程

繰延資産	(1)　償却期間の判定
	(2)　償却限度額
	(3)　償却超過額

考えてみよう

繰延資産の計上の根拠を考察しなさい。

第14章

貸倒損失と貸倒引当金

1 貸倒損失

貸倒れとは，債権が回収不能になることをいう。そして，債権の回収不能額は，貸倒損失として損金の額に算入される。

ここで，貸倒れを認めるタイミングについて，法的に債権が切り捨てられた場合のように客観的にも明確なものも存在するが，実質的に債権が回収不能である場合のように企業の個々の判断に委ねると課税上の不公平が生じる可能性がある。

このため，法人税法では，次の(1)から(3)の事実が生じた場合の損金算入に関する取扱いを定めている。

(1) 金銭債権の全部又は一部を切り捨てた場合

次の事実が発生した場合は，その事実の発生した日の属する事業年度においてそれぞれに定める金額を**貸倒損失**として損金の額に算入する。

この場合は，いわば**法律上の貸倒れ**であり，損金経理の有無に関係なく，発生した事業年度の損金の額に算入される（(2)及び(3)には損金経理要件がある）。

法基通9-6-1

法律上の貸倒れ

法　律　等	貸倒損失を計上すべき事実	貸倒損失額
会社更生法等	更生計画認可の決定	切捨額
民事再生法	再生計画認可の決定	切捨額
会　社　法	特別清算に係る協定の認可の決定	切捨額
法令の規定による整理手続によらない関係者の協議決定	①　債権者集会の協議決定で合理的な基準により債務者の負債整理を定めているもの ②　金融機関等のあっせんによる当事者間の協議により締結された契約で内容が①に準ずるもの	切捨額
債務免除	債務者の債務超過の状態が相当期間継続し，その金銭債権の弁済を受けることができないと認められる場合において，債務免除を書面により通知	書面による債務免除額

(2)　回収不能の場合

法基通9-6-2　　法人の有する金銭債権につき，その債務者の資産状況，支払能力等からみてその全額が回収できないことが明らかになった場合には，その明らかになった事業年度において貸倒れとして損金経理をすることで損金の額に算入される。

　　この場合において，その金銭債権について担保物があるときは，その担保物を処分した後でなければ貸倒れとして損金経理をすることはできない。

　　この場合は，いわば**実質的な貸倒れ**であり，その実質を反映して貸倒損失を認めるものであるが，全額が回収できない場合に限定しており，また，損金経理要件が課されている。

(3)　一定期間取引停止後弁済がない場合等

法基通9-6-3　　債務者について次に掲げる事実が発生した場合には，その債務者に対して有する売掛債権について法人がその売掛債権の額から備忘価額を控除した残額を貸倒れとして損金経理をしたときは，損金の額に算入される。

　　この場合は，いわば**法律上の貸倒れや実質的な貸倒れに準ず**

るものであり，貸倒れの対象が売掛債権に限定されており，損金経理要件も課されている。

一定期間取引停止後弁済がない場合等の貸倒れ

区　分	貸倒損失が計上できる事実	貸倒損失額
取引停止後1年以上経過	債務者との取引を停止した時以後1年以上経過した場合（その売掛債権について担保物のある場合を除く。）	売掛債権の額－備忘価額（1円）
遠隔地	法人が同一地域の債務者について有するその売掛債権の総額がその取立てのために要する旅費その他の費用に満たない場合において，その債務者に対し支払を督促したにもかかわらず弁済がないとき	

設例14-1　木更津株式会社では，当期（自令和6年4月1日　至令和7年3月31日）に次のような事実が生じている。当期に税務調整すべき金額を求めなさい。

なお，木更津株式会社では，A社とB社の債権については確定した決算において何の処理もしていない。

(1)　A社が会社更生法に規定する更生計画認可の決定を受けた旨の連絡があり，これにより貸付金（1,000,000円）のすべてが切り捨てられることになった。

(2)　得意先であったB社の売掛金（500,000円）について，当期末までに最後に弁済を受けてから1年以上が経過しているが，全く連絡が取れない。

■ 解　答

貸倒損失認定損　1,000,000円（減算調整）

■ 解　説

A社については，会社更生法に規定する更生計画認可の決定があり，法人税基本通達9-6-1により損金経理をしていなくとも損金の額に算入する。B社については，法人税基本通達9-6-3の要件を満たしているが，損金経理をしていないので損金の額に算入されない。

なお，B社について，損金経理する場合には，備忘価額（1円）を残す必要があるので注意が必要である。

2　貸倒引当金

　　企業活動を行う上で生じる債権は，当期に貸倒れの事実が発生していないとしても，将来において貸倒れが生じないとは限らない。掛取引等の信用取引が一般的となっている現代の取引においては，一定割合の貸倒れのリスクを受けて事業を行うことになる。また，この貸倒れのリスクは，当期の収益に基因して生ずるものであり，この対応関係を考慮するのであれば，将来の貸倒れの見込額の一定割合を当期の費用として計上することが考えられる。

　　企業会計では，引当金については，企業会計原則注解18で「将来の特定の費用又は損失であって，その発生が当期以前の事象に起因し，発生の可能性が高く，かつ，その金額を合理的に見積ることができる場合には，当期の負担に属する金額を当期の費用又は損失として引当金に繰入れ」るとしており，いわゆる4要件が定められている。将来の貸倒れについて，この4要件を満たした場合には貸倒引当金が計上される。

法法52①　　法人税法でも，次の(1)及び(2)について，貸倒引当金の計上を認めているが，適用法人は，中小法人等及び銀行や保険会社等に限定されている。

|Key Point|　企業会計との差異

　企業会計では，企業会計原則注解18に定める4要件を満たすものを引当金に計上するものとされているのに対し，法人税法では，課税ベースの拡大や債務確定主義の観点から引当金の縮小を図っており，引当金の範囲に差異が生じている。

　現行の法人税法では，中小法人等に対し貸倒引当金が認められるのみである。

⑴　個別評価金銭債権に係る貸倒引当金

①　個別評価金銭債権

個別評価金銭債権は，会社更生法の適用による貸倒れ等によ
る損失が見込まれる金銭債権（完全支配関係がある他の内国法人
に対して有する金銭債権を除く）である。個別評価金銭債権に係
る貸倒引当金は，このような債務者に対する金銭債権について
個別的な回収不能見込額に関する損金算入を認めるものである。

法法52①⑨

　個別評価金銭債権に係る貸倒引当金の繰入れを行う場合には，
一定の事実が生じていることを証する書類の保存が求められて
おり，書類の保存がなされない場合には，その事実は生じてい
ないものとみなされる。

法令96②

　なお，個別評価金銭債権について，受取手形を裏書譲渡（割
引を含む）したものがある場合には，この裏書手形や割引手形
の金額を含んだ金額を個別評価金銭債権として取り扱う。

法基通11-2-4

②　繰入限度額

　個別評価金銭債権に係る貸倒引当金の繰入限度額は，債務者
ごとに次の（a）から（d）の場合のそれぞれの金額の合計額と
する。

法法52①，法令
96①〜⑤

（a）長期棚上げがあった場合

　会社更生法等の規定による更生計画認可の決定等により，
弁済を猶予され，又は賦払により弁済されることとなった場
合には，事業年度終了の日の翌日から5年を経過する日まで
に弁済されることとなっている金額以外の金額で，担保権の
実行その他によりその取立て等の見込みがあると認められる
部分の金額を除いたものが繰入限度額となる。

（b）債務超過の状態が相当期間継続している場合

　個別評価金銭債権（上記（a）を除く）に係る債務者につき，
債務超過の状態が相当期間継続し，かつ，その営む事業に好

転の見通しがないこと等の事由により，その金銭債権の一部の金額につきその取立て等の見込みがないと認められる場合は，その一部の金額に相当する金額が繰入限度額となる。

(c) 形式基準に合致する場合

債務者が会社更生法等の規定による更生手続開始の申立て等の事由が生じている場合や手形交換所の取引停止処分を受けた場合は，その金銭債権の額（実質的に債権とみられない部分の金額を除く）の50％に相当する金額が繰入限度額となる。

法基通11-2-9

なお，実質的に債権とみられない部分の金額は，同一人に対して金銭債権と金銭債務がある場合における金銭債権のうち金銭債務までの金額をいい，金銭債権の回収不能を考慮する場合に金銭債務の部分は実質的に回収不能にはならないため，繰入限度額の計算から除かれる。

個別評価金銭債権に関する実質的に債権とみられない部分の金額は，債務者ごとに判定される。また，個別評価金銭債権における実質的に債権とみられない部分の金額の範囲からは，支払手形は除かれる。これは，支払手形の支払先は手形の裏書等が生じた場合には同一人に対する債権と債務の関係にならない可能性があるためである。

(d) 外国の公的債権の場合

個別評価金銭債権に係る債務者である外国の政府，中央銀行又は地方公共団体の長期にわたる債務の履行遅滞によりその金銭債権の経済的な価値が著しく減少し，かつ，その弁済を受けることが著しく困難であると認められる場合は，その金銭債権の額（実質的に債権とみられない部分の金額を除く）の50％に相当する金額が繰入限度額となる。

(2)　一括評価金銭債権に係る貸倒引当金

①　一括評価金銭債権

法法52②⑨

一括評価金銭債権とは，売掛債権等のうち個別評価金銭債権

を除いたもの（完全支配関係がある他の内国法人に対して有する
金銭債権を除く）をいう。一括評価金銭債権に係る貸倒引当金
は，個別の債務者の状況ではなく，売掛債権等を一括して回収
不能見込額の損金算入を認めるものである。

　なお，売掛債権等には，売掛金，貸付金，未収入金，立替金
等が含まれるが，預貯金及びその未収利子，保証金，手付金，
前渡金，前払給料，仕入割戻しの未収金等は除かれる。

法基通11-2-16，
11-2-18

②　繰入限度額

（a）原則（実績繰入率による繰入限度額）

　一括評価金銭債権に係る貸倒引当金については，次の算式
で求めた金額を繰入限度額とする。

法令96⑥

繰入限度額＝一括評価金銭債権の帳簿価額の合計額×貸倒実績率

＊貸倒実績率（当期首前３年以内に開始した各事業年度の実績により計算）

$$\left(\frac{\begin{pmatrix}前３年内事業\\年度の売掛債\\権等の貸倒損\\失の合計額\end{pmatrix}+\begin{matrix}個別評価\\貸倒引当\\金繰入額\end{matrix}-\begin{matrix}個別評価\\貸倒引当\\金戻入額\end{matrix}}{\begin{matrix}前３年内事業年度末における一括\\評価金銭債権の帳簿価額の合計額\end{matrix}}\times\frac{12}{\begin{matrix}各事業年度\\の合計月数\end{matrix}}\div\begin{matrix}各事業年度\\の数\end{matrix}\right)\begin{pmatrix}小数点以下\\４位未満\\切上げ\end{pmatrix}$$

（b）中小法人等の特例

　中小法人等では，貸倒実績率による繰入限度額に代え，次の
法定繰入率による繰入限度額を選択することができる。

措法57の9①

$$繰入限度額 = \begin{pmatrix}一括評価金銭\\債権の帳簿価\\額の合計額\end{pmatrix}-\begin{pmatrix}実質的に債権\\とみられない\\ものの金額\end{pmatrix}\times 法定繰入率$$

　実質的に債権とみられないものの金額とは，同一人に対して
金銭債権と金銭債務がある場合において金銭債権のうち金銭債
務までの金額をいい，個別評価金銭債権における実質的に債権
とみられない部分の金額と同様に債務者ごとに判定される。

措令33の7②

　なお，一括評価金銭債権における実質的に債権とみられない

措通57の9-1

ものの金額については，個別評価金銭債権における実質的に債権とみられない部分の金額とは異なり支払手形も含まれる。

措令33の7③　また，平成27年4月1日に存する法人に限り，実質的に債権とみられないものの金額を簡便法により算定することができる。

実質的に債権と　　一括評価金銭　　簡便法に　　（小数点以下
みられないもの　＝　債権の帳簿価　×　よる控除　　 3位未満
の金額（簡便法）　額の合計額　　割合　　　　　切捨て）

措令33の7④　法定繰入率は事業の区分に応じ，次の割合となる。

事業区分と法定繰入率

主たる事業	法定繰入率
卸売・小売	0.010
製造	0.008
金融・保険	0.003
割賦小売等	0.007
その他（建設業等）	0.006

(3)　取崩し

法法52⑩　当期に繰り入れた貸倒引当金は，翌期において全額取崩しを行い，益金の額に算入される（**洗替法**による処理）。ただし，確

法基通11-1-1　定申告書に添付する明細書に当期の戻入れと繰入れが明示されていれば，**差額補充法**による経理も認められている。

Advance　**洗替法と差額補充法**

前期に繰り入れた貸倒引当金が500,000円あり，当期末の貸倒引当金が600,000円となるように繰入れを行う（上記金額は，法人税法の繰入限度額の範囲内である）とした場合，想定される仕訳を示すと次のようになる。

◆洗替法

(借) 貸倒引当金	500,000円	(貸) 貸倒引当金戻入	500,000円
貸倒引当金繰入	600,000円	貸倒引当金	600,000円

◆差額補充法

（借）貸倒引当金繰入　　　100,000円　（貸）貸倒引当金　　　　　100,000円

設例14-2　小売業を営む流山株式会社（資本金50,000,000円，中小法人等及び中小企業者等（適用除外事業者には該当しない）に該当する）の当期（自令和6年4月1日　至令和7年3月31日）における税務調整すべき金額を求めなさい。

(1)　当期末現在の貸借対照表に計上されている債権（貸倒引当金控除前）の金額

①　受取手形　40,000,000円

②　売掛金　　60,000,000円

③　貸付金　　20,000,000円

④　前渡金　　10,000,000円

⑤　未収入金　　100,000円

(2)　上記の債権につき，次のような留意事項がある。

①　割引手形12,000,000円が個別注記表に記載されている。

②　売掛金のうち8,000,000円は，A社に対するものである。なお，A社は当期に手形交換所の取引停止処分を受けている。このため，流山株式会社では，4,500,000円を損金経理により個別評価金銭債権に係る貸倒引当金として繰り入れている。

③　貸付金のうち6,000,000円はB社に対するものであるが，B社に対しては買掛金3,000,000円及び支払手形2,500,000円がある。

④　未収入金は，全額仕入割戻しの未収金である。

(3)　実質的に債権とみられないものの額の簡便法の控除割合は，0.03532である。

(4)　過去3年間における税務上の期末一括評価金銭債権の帳簿価額の状況，売掛債権等についての貸倒損失額の発生状況は次のとおりである。

事業年度	各事業年度末における一括評価金銭債権の帳簿価額	貸倒損失額
R3.4.1～R4.3.31	156,000,000円	1,600,000円
R4.4.1～R5.3.31	154,000,000円	1,400,000円
R5.4.1～R6.3.31	165,000,000円	1,800,000円

(5)　当期において一括評価金銭債権に係る貸倒引当金として損金経理により繰り入れた金額は1,500,000円である。また，前期に計上した一括評価金銭債権に係る貸倒引当金の繰入額1,400,000円（うち繰入超過額120,000円）は，当期においてその全額を取り崩して収益に計上している。

■ 解 答

　個別評価金銭債権に係る貸倒引当金繰入超過額　500,000円（加算調整）

　一括評価金銭債権に係る貸倒引当金繰入超過額　235,200円（加算調整）

　一括評価金銭債権に係る貸倒引当金繰入超過額認容　120,000円（減算調整）

◆個別評価金銭債権に係る貸倒引当金

⑴　繰入限度額

8,000,000円×50％＝4,000,000円

⑵　繰入超過額

4,500,000円－4,000,000円＝500,000円

◆一括評価金銭債権に係る貸倒引当金

⑴　繰入限度額

①　一括評価金銭債権の額

（40,000,000円＋12,000,000円）＋（60,000,000円－8,000,000円）＋20,000,000円

＝124,000,000円

②　実質的に債権とみられないものの額

イ．原則法

　A．債権の額　6,000,000円

　B．債務の額　3,000,000円＋2,500,000円＝5,500,000円

　C．判　定　A ＞ B　　∴　5,500,000円

ロ．簡便法

124,000,000円×0.035（小数点以下3位未満切捨て）＝4,340,000円

ハ．判　定

　イ ＞ ロ　　　　∴　4,340,000円

③　貸倒実績率

$$\frac{(1,600,000円＋1,400,000円＋1,800,000円)\times\frac{12}{36月}}{(156,000,000円＋154,000,000円＋165,000,000円)\div3年}≒0.0102（小数点以下4位未満切上げ）$$

④　法定繰入率　0.010

⑤　繰入限度額

イ．貸倒実績率による繰入限度額

124,000,000円×0.0102＝1,264,800円

ロ．法定繰入率による繰入限度額

（124,000,000円－4,340,000円）×0.010＝1,196,600円

ハ．判　定

　イ ＞ ロ　　　　∴　1,264,800円

(2)　繰入超過額

　　　1,500,000円 − 1,264,800円 = 235,200円

Training

14-1 ◆文章問題

　次の各文章の空欄に適切な語句を記入しなさい。

1．中小法人等である内国法人が，その有する金銭債権のうち，　ア　の損失の見込額として，各事業年度において　イ　により貸倒引当金勘定に繰り入れた金額については，その繰り入れた金額のうち，個別貸倒引当金繰入限度額に達するまでの金額は，その事業年度の所得の金額の計算上，損金の額に算入する。

2．中小法人等である内国法人が，　ウ　の貸倒れによる損失の見込額として，各事業年度において　エ　により貸倒引当金勘定に繰り入れた金額については，その繰り入れた金額のうち，一括貸倒引当金繰入限度額に達するまでの金額は，その事業年度の所得の金額の計算上，損金の額に算入する。

（解答欄）

ア		イ		ウ		エ	

14-2 ◆計算問題（2級110回第3問一部改題）

　内国法人である甲株式会社（以下「甲社」という。）は，卸売業を営む非同族会社であり，当期（自令和6年4月1日　至令和7年3月31日）末の資本金の額は40,000,000円である。

　次の資料に基づき甲社の当期において確定申告書に記載すべき課税標準である所得の金額を計算しなさい。

　なお，甲社は中小法人等及び中小企業者等（適用除外事業者には該当しない）に該当する。

＜資料＞

　1．確定した決算による当期利益の額　　　　　　　　　　　　　　　30,000,000円

　2．所得金額の計算上税務調整を検討する事項

　（1）当期末の貸借対照表に計上されている債権等（貸倒引当金控除前）の金額は次のとおりである。

　　① 受取手形　　　　　　14,500,000円

　　② 売掛金　　　　　　　53,600,000円

　　③ 貸付金　　　　　　　26,800,000円

　　④ 前渡金　　　　　　　 1,200,000円

　　⑤ 未収入金　　　　　　　 580,000円

(2)　上記(1)に掲げる債権につき，以下のような留意事項がある。

　　①　受取手形はすべて売掛金の回収のために取得したものであるが，このほか注記表に記載された割引手形5,000,000円がある。

　　　　また，受取手形のうち3,500,000円はA社に対するものであり，当期中に更生計画認可の決定があったことにより全額が切り捨てられることとなった。これについて甲社は何ら経理していない。

　　③　貸付金のうち3,200,000円はB社に対するものであるが，甲社はB社に対して未払金725,000円及び買掛金2,100,000円がある。

　　④　前渡金は商品の仕入に係るものである。

　　⑤　未収入金の内訳は，貸付金の未収利息262,000円（うち，B社に対する貸付金の未収利息27,000円）及び仕入割戻しの未収金318,000円である。

(3)　実質的に債権とみられないものの額の簡便法による控除割合は，0.031567である。

(4)　甲社の過去3年間における税務上の期末一括評価金銭債権の帳簿価額の状況，売掛債権等についての貸倒損失額の発生状況は次のとおりである。

事業年度	各事業年度末における一括評価金銭債権の帳簿価額	貸倒損失額
令和3.4.1～令和4.3.31	89,900,000円	840,500円
令和4.4.1～令和5.3.31	92,650,000円	822,600円
令和5.4.1～令和6.3.31	78,250,000円	859,900円

(5)　前期において損金経理により一括評価金銭債権に係る貸倒引当金として繰り入れた金額は970,000円（うち繰入限度超過額103,800円）であり，当期において全額戻し入れて収益に計上している。また，当期に一括評価金銭債権に係る貸倒引当金として損金経理により繰り入れた金額は1,120,000円である。

（解答欄）

別表四

区　　　　　　　　　分	金　　額
当　　期　　利　　益	円
加算	
	小　　　　　計	
減算	
	小　　　　　計	
仮　　　　　　　　計	
合　計　・　差　引　計　・　総　計	
所　　得　　金　　額	

所得金額の計算過程

貸倒引当金	(1)　繰入限度額
	①　期末一括評価金銭債権の額
	②　実質的に債権とみられないものの額
	（イ）原則法
	A．債権の額
	B．債務の額
	C．判　定
	∴
	（ロ）簡便法
	（ハ）判　定
	∴

③　貸倒実績率

④　法定繰入率

⑤　繰入限度額
　（イ）貸倒実績率による繰入限度額

　（ロ）法定繰入率による繰入限度額

　（ハ）判　定
　　　　　　　　　　∴

(2)　繰入超過額

考えてみよう

　現行の法人税法では，多くの引当金が廃止され，貸倒引当金を残すのみとなっている。引当金計上の根拠を整理し，現行の法人税法における引当金の取扱いについて考察しなさい。

第15章

その他の項目

1 資産の評価損益の取扱い

法人税法では，**取得原価主義**を資産評価の原則としている。
このため，内国法人がその有する資産の評価換えをしてその帳
簿価額を増額又は減額した場合には，原則として，その増額又
は減額した部分の金額は，その内国法人の各事業年度の所得の
金額の計算上，益金の額又は損金の額に算入しない取扱いとさ
れている。そして，その資産の帳簿価額は減額又は増額がされ
なかったものとみなされる。

このように，法人税法では，原則として，資産の評価換えは
行わないが，例外的に評価換えが認められる場合があり，対象
資産に関するものと状況に関するものである。

対象資産に関するものは，売買目的有価証券の期末時価評価
のように，時価評価すべき資産が定められているものである。

状況に関するものは，会社更生法等による更生計画認可の決

法法25①⑤，33
①⑥

法法61の3①一，
②

法法25②③，33
③④

⊙重要条文【法人税法25条1項，33条1項】
25条1項　内国法人がその有する資産の評価換えをしてその帳簿価額を増額した場合には，そ
の増額した部分の金額は，その内国法人の各事業年度の所得の金額の計算上，益金の額に算
入しない。
33条1項　内国法人がその有する資産の評価換えをしてその帳簿価額を減額した場合には，そ
の減額した部分の金額は，その内国法人の各事業年度の所得の金額の計算上，損金の額に算
入しない。

定があった場合等に，評価換えを行い資産の帳簿価額を減額又は増額させたときには，その減額又は増額した部分の金額は，損金の額又は益金の額に算入する。

法法33②

また，資産の評価損については，災害による著しい損傷その他の物損等の事実によりその資産の価額がその帳簿価額を下回ることとなった場合に，時価までの範囲内で損金経理によりその帳簿価額を減額したときには，損金の額に算入することが認められる。なお，評価損が認められる災害による著しい損傷その他の物損等の事実としては，次のようなものが示されている。

法令68①

評価損の損金算入が認められる事実

棚卸資産	イ その資産が災害により著しく損傷したこと ロ その資産が著しく陳腐化したこと ハ イ又はロに準ずる特別の事実が生じたこと
有価証券	イ 取引所売買有価証券等の時価が著しく低下したこと ロ イ以外の有価証券について，その発行法人の資産状態が著しく悪化したこと ハ ロに準ずる特別の事実が生じたこと
固定資産	イ その資産が災害により著しく損傷したこと ロ その資産が一年以上にわたり遊休状態にあること ハ その資産がその本来の用途に使用することができないため他の用途に使用されたこと ニ その資産の所在する場所の状況が著しく変化したこと ホ イからニまでに準ずる特別の事実が生じたこと
繰延資産	イ その繰延資産となる費用の支出の対象となった固定資産に上記イからニまでに掲げる事実が生じたこと ロ イに準ずる特別の事実が生じたこと

[Key Point] 企業会計との差異

企業会計においても，取得原価主義を採用しており，この意味で法人税法と企業会計とに基本的な差異はない。しかし，近年，企業会計では資産負債アプローチを採用し未実現収益の計上を日本基準より広く容認するIFRS（国際財務報告基準）とのアドプション・コンバージェンスを進めており，資産の評価替も求める

会計基準を発表している。例えば、減損会計では、固定資産の収益性の低下により投資額の回収が見込めなくなった場合に、回収可能価額まで帳簿価額を減額する（「固定資産の減損に係る会計基準の設定に関する意見書」三）が、法人税法では減損会計に対応する取扱いはなく（細かく見れば、減損損失を償却費として損金経理した金額に含む取扱い等はある）、その固定資産について災害による著しい損傷その他の物損等の事実等がなければ、損金の額には算入されない。

2　受贈益及び債務免除益の取扱い

(1)　受贈益や債務免除益の益金算入

　法人税法では、益金の額に算入すべき金額として無償による資産の譲受けによる収益の額を含めており、**受贈益**は益金の額に算入される。

法法22②

　なお、時価より低い金額で資産を譲り受けた場合も時価との差額については経済的利益と考えられ、実質的に贈与を受けたと認められる部分は受贈益として益金の額に算入される。また、債務の免除を受けた場合に生じる**債務免除益**も受贈益と同様に益金の額に算入される。

(2)　完全支配関係法人間の受贈益や債務免除益の益金不算入

　完全支配関係法人（100％の持株割合の親会社と子会社等）相互間については、グループ内法人間の資産移動等について二重課税が生じないようにするため、贈与や債務免除を受けた法人において受贈益や債務免除益を益金不算入とし、贈与や債務免除をした法人では受贈益や債務免除益に対応する寄附金は全額損金不算入とされる。

法法25の2①、37②

(3)　国庫補助金等の圧縮記帳

　国庫補助金等も受贈益に該当するが、一定の要件を満たす場

合は圧縮記帳を認め，課税の繰延べを認めている（第12章の圧
縮記帳の説明を参照）。

⑷　未払給料の免除益

　役員に対する未払給与も，法人がこれを支払わないとした場
合には債務免除益となる。しかし，損金不算入となる役員給与
の未払いについて，これを支払わないこととすると二重課税の
ような状態になる。

法基通4-2-3　　このため，損金不算入となる役員に対する未払給与につき，
取締役会等の決議に基づきその全部又は大部分の金額を支払わ
ないこととした場合に，会社の整理，事業の再建及び業況不振
のためのものであり，かつ，その支払われないこととなる金額
がその支払いを受ける金額に応じて計算されている等一定の基
準によって決定されたものであるときは，未払給与に関する債
務免除益については益金の額に算入しないことができるとして
いる。なお，この取扱いが適用される場合でも，所得税の源泉
徴収は必要であるとされる。

⑸　広告宣伝用資産の受贈益

　販売業者等が製造業者等から広告宣伝用の看板等を無償又は
低額で取得した場合も，時価との差額は経済的利益として受贈
益となると考えられる。しかし，このような受贈益は，製造業
者の広告目的であることや広告宣伝用資産は換金性に乏しい等
の実態を考えると受贈者である販売業者で受贈益課税が行われ
ることは実情にそぐわない。

法基通4-2-1注　　このため，広告宣伝用の看板，ネオンサイン，どん帳のよう
に専ら広告宣伝の用に供されるものについては，経済的利益は
ないものとし，受贈益は益金の額に算入されない。

法基通4-2-1　　また，専ら広告宣伝の用に供されるものでなくとも，社名入
りの陳列棚等の広告宣伝用の資産は，経済的利益を次の算式で

求めた金額とし，この部分のみ益金の額に算入される。

$$\begin{array}{c}\text{経済的利益の額}\\\text{（受贈益）}\end{array} = \begin{array}{c}\text{製造業者等における}\\\text{資産の取得価額}\end{array} \times \frac{2}{3} - \text{自己の負担金額}$$

＊この算式で計算した経済的利益の額（受贈益）が30万円以下であるときは，少額不追及の考えから経済的利益の額はないものとして取り扱われる。

広告宣伝費の課税・非課税の例

●課税されない広告宣伝用資産
(1)　広告宣伝用の看板
(2)　広告宣伝用のネオンサイン
(3)　広告宣伝用のどん帳
(4)　その他専ら広告宣伝の用に供される資産
●一部が課税される広告宣伝用資産
(1)　自動車（自動三輪車及び自動二輪車を含む。）で車体の大部分に一定の色彩を塗装して製造業者等の製品名又は社名を表示し，その広告宣伝を目的としていることが明らかなもの
(2)　陳列棚，陳列ケース，冷蔵庫又は容器で製造業者等の製品名又は社名の広告宣伝を目的としていることが明らかなもの
(3)　展示用モデルハウスのように製造業者等の製品の見本であることが明らかなもの

設例15-1　小売業を営む銚子株式会社では，当期（自令和6年4月1日　至令和7年3月31日）に製造業者から製品名入りの陳列棚の贈与を受けた。この贈与による経済的利益の額を求めなさい。なお，この陳列棚の製造業者における取得価額は900,000円である。

■ 解　答

経済的利益の額 ＝ 900,000円 × $\frac{2}{3}$ ＝ 600,000円

3　外貨建取引の換算等

(1)　外貨建取引の換算

法法61の8①

　　法人税法では，課税所得を「円」で計算することとなっているため，ドルやユーロ等の外貨で行われる取引（**外貨建取引**）は，「円」に換算して計算する必要がある。

　　外貨建取引の円換算額は，当該外貨建取引を行った時における外国為替の売買相場（為替レート）により換算した金額とする。

(2)　外貨建資産等の換算

法法61の9①，
法令122の4，
122の7

　　外貨建資産等とは，外貨建債権及び外貨建債務，外貨建有価証券，外貨預金，外国通貨をいう。

　　外貨建資産等の期末換算は，次の区分に応じてそれぞれの方法が定められている。そして，法人は，換算方法が1つしかないものを除き，外国通貨の種類ごと，かつ，外貨建資産等の区分ごとにその換算方法を選定して届け出なければならない。なお，事業所ごとに換算方法を選定することもできる。

外貨建資産等の期末換算方法

外貨建資産等の区分			期末換算方法
外貨建債権・債務	短期外貨建債権及び短期外貨建債務		HRとCR★の選択
	長期外貨建債権及び長期外貨建債務		HR★とCRの選択
外貨建有価証券	売買目的有価証券		CR
	売買目的外有価証券	償還有価証券	HR★とCRの選択
		その他	HR
外貨預金	短期外貨預金		HRとCR★の選択
	長期外貨預金		HR★とCRの選択
外国通貨			CR

★は法定期末換算方法である。

HR（発生時換算法）：外貨建資産等の取得又は発生の基因と
　　　　　　　　　　なった外貨建取引の為替レートにより
　　　　　　　　　　換算する方法
CR（期末時換算法）：期末の為替レートにより換算する方法

(3)　為替予約

　内国法人が先物外国為替契約等（**為替予約**）により，外貨建
取引（短期売買商品等または売買目的有価証券の取得及び譲渡を除
く）による資産又は負債の金額の円換算額を確定させ，その旨
を帳簿書類に記載したときは，その予約レートにより円換算し
た金額を取引時の円換算額とし，これにより期末換算を行う。

法法61の8②，
法令122①

　予約レートにより換算されたことで生じた為替予約損益は，
その為替予約をした日からその決済日までの期間に応じて，こ
れらの期間内の日を含む各事業年度の損益として配分する。た
だし，短期の外貨建資産等について生じた予約損益については，
その予約日を含む事業年度の損益として処理する方法を選定す
ることができる。

法法61の10①③

設例15-2　足立株式会社は，当期末に次の外貨建資産等を有している。当期に
調整すべき金額を求めなさい。足立株式会社は，換算方法の届出書を提出していな
いものとする。なお，当期末の為替レート（CR）は，1ドル＝100円とする。

種　類	金額（外貨建）	帳簿価額（HR）
外国通貨	100ドル	9,500円
外貨建有価証券 （売買目的有価証券）	600ドル	59,400円
外貨建債権（短期）	300ドル	29,200円
外貨建債務（長期）	2,000ドル	170,000円

■ 解　答
(1)　外国通貨（CR）　　　　100ドル×100円－9,500円＝500円
(2)　外貨建有価証券（CR）　600ドル×100円－59,400円＝600円
(3)　外貨建債権（CR）　　　300ドル×100円－29,200円＝800円

(4) 外貨建債務（HR）　　　HRのため調整なし
(5) 合計　500円＋600円＋800円＝1,900円

■ 解　説

　外貨建債権及び債務における長期と短期の区分は，その決済により外国通貨を受け取る期限が当該事業年度終了の日の翌日から一年を経過した日の前日までに到来するものを短期とし，それ以外を長期として区分している。短期に区分されたものはCRが法定期末換算方法となり，長期に区分されたものはHRが法定期末換算方法となる。

4　繰越欠損金

(1)　欠損金の繰越控除と繰戻還付の趣旨

　法人税は，事業年度ごとに課税所得を計算し，この課税所得に基づき法人税額を算出することとされる事業年度単位課税が行われている。しかし，事業年度単位課税を徹底した場合，プラスの所得には課税し，マイナスの所得には課税を行わないということになり，業種や業態により年度ごとの課税所得の変動性が大きいものと変動性が小さいものとで税負担に差異が生じてしまう。

　このため，法人税法では，一定の場合には，欠損金額をその後の期間の損金に算入することや欠損金額に応じた過去の納付済みの法人税額の還付を認めている。

法法2十九　　　なお，**欠損金額**とは，各事業年度の所得の金額の計算上その事業年度の損金の額がその事業年度の益金の額を超える場合におけるその超える部分の金額をいう。

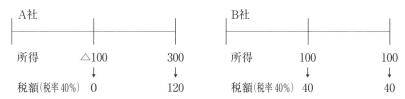

欠損金の繰越しを認めない場合の２期間を通じた課税の比較

＊欠損金の繰越控除等をしないと，A社とB社はともに２期通じれば所得200であるのに，A社の税額合計120とB社の税額合計80（40＋40）で差異が生じる。

⑵　**青色欠損金の繰越控除及び繰戻還付**

　　青色申告書を提出した事業年度に生じた欠損金額は，帳簿書類の保存を適用要件として，翌期以降10年間繰り越して，その後の各事業年度において各事業年度の所得金額を限度として損金の額に算入する。なお，中小法人等以外の法人については，その事業年度の所得金額の50％相当額を限度として損金の額に算入する。

法法57①

　　また，中小企業者等の場合は，欠損金額が生じた事業年度の事業年度開始の日前１年以内に開始したいずれかの事業年度の所得に繰り戻して法人税額の還付を受ける**繰戻還付**を請求することができる。

法法80①，措法66の13

⑶　**災害欠損金の繰越控除**

　　青色申告書を提出していない法人であっても，棚卸資産，固定資産又は一定の繰延資産について，震災，風水害，火災等の災害により生じた損失に係る欠損金額（災害損失欠損金額）については，翌期以降10年間繰り越して，その後の各事業年度において各事業年度の所得金額を限度として損金の額に算入するとしている。なお，中小法人等以外の法人については，その事業年度の所得金額の50％相当額を限度として損金の額に算入する。

法法58①

⑷ 会社更生等による債務免除等があった場合の欠損金の損金算入

法法59①　会社更生等による更生手続開始の決定があり，債務の免除を受けた場合，役員や株主等から私財の提供を受けた場合又は会社更生等の更生計画認可の決定により評価換えを行った場合には，その事実があった日の属する事業年度前の各事業年度において生じた欠損金額のうち，債務免除益等の金額に達するまでの金額は，損金の額に算入する。

　なお，この規定における欠損金額は，青色欠損金の繰越控除や災害欠損金の繰越控除の適用がないいわゆる期限切れ欠損金額をいう。

設例15-3 野田株式会社（期末資本金額6,000万円，中小法人等及び中小企業者等（適用除外事業者には該当しない）に該当する）の当期（第30期，自令和6年4月1日　至令和7年3月31日）において損金の額に算入される欠損金額を求めなさい。なお，野田株式会社は設立以来毎期青色申告書である確定申告書を提出しており，過去において欠損金の繰戻還付の適用を受けたことはない。

	所得金額又は欠損金額
第21期	10,000,000円
第22期	△20,000,000円
第23期	△8,000,000円
第24期	5,000,000円
第25期	16,000,000円
第26期	△7,000,000円
第27期	10,000,000円
第28期	1,000,000円
第29期	△6,000,000円
第30期	10,000,000円

■ 解　答

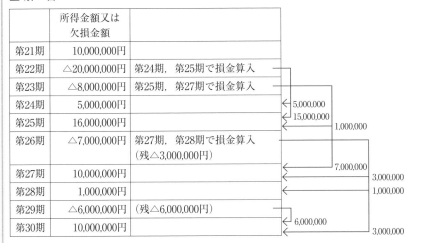

	所得金額又は 欠損金額	
第21期	10,000,000円	
第22期	△20,000,000円	第24期，第25期で損金算入
第23期	△8,000,000円	第25期，第27期で損金算入
第24期	5,000,000円	
第25期	16,000,000円	
第26期	△7,000,000円	第27期，第28期で損金算入 （残△3,000,000円）
第27期	10,000,000円	
第28期	1,000,000円	
第29期	△6,000,000円	（残△6,000,000円）
第30期	10,000,000円	

　　第30期までの繰越欠損金の額＝3,000,000円（第26期残高）＋6,000,000円（第29期）

　　＝9,000,000円　＜　10,000,000円（第30期の所得金額）

∴　9,000,000円

■ 解　説

　　欠損金額を順番にその後の事業年度の所得金額に充てること。

Training

15-1 ◆文章問題

　　次の各文章の空欄に適切な語句を記入しなさい。

1．内国法人がその有する資産の ア をしてその帳簿価額を減額した場合には，原則として，その減額した部分の金額は，その内国法人の各事業年度の所得の金額の計算上， イ の額に算入しない。（2級107回1-1，102回1-1）

2．内国法人がその有する資産の ウ をしてその帳簿価額を増額した場合には，原則として，その増額した部分の金額は，その内国法人の各事業年度の所得の金額の計算上， エ の額に算入しない。（2級107回1-1，104回1-4）

3．内国法人が事業年度終了の時において外貨建資産等（ オ によりその金額の円換算額への換算をするものに限る。）を有する場合には，為替換算差額は，その事業年度の所得の金額の計算上，益金の額又は損金の額に算入する。（2級110回1-6）

4．欠損金額とは，各事業年度の所得の金額の計算上その事業年度の [　カ　] の額がその事業年度の [　キ　] の額を超える場合におけるその超える部分の金額をいう。（2級 108回1-4，104回1-3）

（解答欄）

ア		イ		ウ		エ	
オ		カ		キ			

15-2 ◆計算問題

　内国法人である甲株式会社（以下「甲社」という。）は，当期（自令和6年4月1日至令和7年3月31日）末の資本金の額が45,000,000円の小売業を営む非同族会社である。甲社は，設立以来継続して青色の申告書によって適法に法人税の確定申告書を提出しており，当期についても申告期限内に青色の申告書により確定申告を行う予定である。

　甲社の当期における確定申告書に記載すべき課税標準である所得の金額を計算しなさい。

　なお，甲社は中小法人等及び中小企業者等（適用除外事業者には該当しない）に該当する。

＜資料＞

　1．確定した決算による当期利益の額　　　　　　　　　　　　　80,000,000円

　2．所得金額の計算上税務調整を検討する事項

　（1）減損損失20,000,000円が計上されているが，税法上の評価損に該当する事象とは認められない。

　（2）製造業者であるA社から，広告宣伝用の看板と陳列棚を無償で譲り受けたが何の会計処理もしていない。A社における取得価額は，看板1,000,000円，陳列棚1,500,000円である。

　（3）前期以前から適法に繰り越されてきた欠損金額が10,000,000円あり，過去において欠損金の繰戻還付の適用を受けたことはない。

（解答欄）

別表四

区　　　　　　　　　　分	金　　額
当　　期　　利　　益	円
加算	
小　　　　計	
減算	
小　　　　計	
仮　　　　　　計	
合　計　・　差　引　計	
総　　　　　計	
所　　得　　金　　額	

所得金額の計算過程

受　贈　益	広告宣伝用資産の経済的利益の額
欠　損　金	欠損金又は災害欠損金等の当期控除額 ∴

(考えてみよう)

　法人税法では，減損損失の損金算入を認めていない。この理由について考察しなさい。

Column 8　税理士試験法人税法の理論問題の特徴

　税理士試験では，理論問題（第一問）と計算問題（第二問）が出題されている。理論問題では，法人税法の規定の確認，規定の趣旨等の説明，事例等へのあてはめ，等が出題されている。この点では，法人税法能力検定における用語や手続き等の確認に比べると，難易度が高くなっている。

　しかし，税理士試験でも，基礎的な知識等を確認する問題がよく出題されている。例えば，税理士試験法人税法令和元年度（69回）では，第１問，問２において，「（１）交際費等の意義について簡潔に答えなさい。」や「（４）接待飲食費の意義について簡潔に答えなさい。」と意義を問う出題となっていた。また，「（２）交際費等から除かれる費用として，租税特別措置法及び同施行令に定められているものを５つ答えなさい。」とされ，法令の知識を問う問題となっている。

　この問題に対し，国税庁HPに記載されている出題のポイントでは，次のように記載されている。

　「論点は，租税特別措置法第61条の４の規定の正しい理解である。交際費等の損金不算入制度について，１人当たり5,000円以下（現行では10,000円以下。筆者挿入）の飲食費で所定の要件を満たすもの等は交際費等の範囲から除かれているほか，接待飲食費の額の50%は損金算入することができることとされている。

　その他にも，中小法人等とそれ以外の法人とで損金算入限度額が異なるなど，この制度の適用に当たっては，租税特別措置法における交際費等の範囲や，接待飲食費の意義について正しく理解できていることがポイントとなる。」

　(https://www.nta.go.jp/taxes/zeirishi/zeirishishiken/point2019/04.htm)

　税理士試験の難しさを感じさせる説明となっているが，この問題は「制度が正しく理解できているか」が問われており，本書のような入門書の知識でも解答可能な問題であった。これまでの税理士試験でも「制度が正しく理解できているか」を確認する問題が出題されており，これは基本的な知識を丁寧に確認することで解答が可能となる。交際費等以外にも，（法人税法22条の２における）「収益の計上時期及び収益の額について，簡潔に説明しなさい」（令和３年度（71回））や受取配当等の益金不算入制度における「非支配目的株式等の意義とその配当等の額の益金不算入割合を答えなさい」（令和４年度（72回））等の出題もある。さらに学習する意欲のある人は本書の内容を丁寧に確認して欲しい。

章

組織再編税制，グループ法人税制，国際課税

1　組織再編税制の概要

　法人が，合併，分割，現物出資，株式交換，株式移転，現物分配により，その組織を再編成する場合，合併等による資産や負債の移転は時価による譲渡として課税するのが原則となる。

法法62①

　しかし，一定の適格要件を設けて，この要件を満たした場合には適格合併や適格現物出資等とし，資産や負債の移転を移転直前の帳簿価額によることとし，移転資産が有する含み損益を繰り延べることを認めている。

法法62の2，62の3，62の4，62の5

　税制上の**適格要件**では，経済的実質が組織再編成の前後において変わらないことを考えている。そして，譲渡益についての租税負担能力の観点や課税により組織再編成が断念されないとする課税の中立性の観点から，課税の繰延べが認められている。

　なお，**組織再編税制**には詳細な規定が多く存在している。また，非適格組織再編成に対しても特別規定が設けられている。さらに，組織再編成を利用した租税回避を防止する観点から包括的否認規定（一般的否認規定）も設けられている。

法法132の2

2 グループ法人税制

(1) グループ通算制度

法法64の9①,
法法2十二の七の
六

　グループ通算制度とは，完全支配関係にある企業グループ内の各法人を納税単位として，各法人が個別に法人税額の計算及び申告を行い，その中で，損益通算等の調整を行う制度である。グループ通算制度では，後発的に修更正事由が生じた場合には，原則として他の法人の税額計算に反映させない仕組みであり，また，グループ通算制度の開始・加入時の時価評価課税及び欠損金の持込み等について組織再編税制と整合性の取れた制度となっている。

　グループ通算制度の適用を受けようとする場合には，国税庁長官の承認を受けなければならない。この承認を受けた場合には，内国法人及びその内国法人との間にその内国法人による完全支配関係がある他の内国法人のすべてにグループ通算制度が適用されることになる。つまり，通算親法人と完全支配関係（発行済株式等の全部を直接又は間接に保有される関係）にある通算子法人のすべてが適用対象になる。なお，通算親法人となれる法人は，普通法人又は協同組合等とされており，清算中の法人などは除かれる。

法法64の9②

　通算承認を受けようとする場合には，原則として，通算親法人のグループ通算制度の適用を受けようとする最初の事業年度開始の日の3月前の日までに，その通算親法人及び通算子法人のすべての連名で，承認申請書をその親法人の納税地の所轄税務署長を経由して，国税庁長官に提出しなければならない。

◉**重要条文【法人税法2条十二の七の六】**

完全支配関係　一の者が法人の発行済株式等の全部を直接若しくは間接に保有する関係として政令で定める関係（以下この号において「当事者間の完全支配の関係」という。）又は一の者との間に当事者間の完全支配の関係がある法人相互の関係をいう。

　グループ通算制度では，**損益通算**を行うことになる。この損
益通算は，通算法人の所得事業年度終了の日（基準日）におい
て，その通算法人との間に通算完全支配関係がある他の通算法
人の基準日に終了する事業年度において通算前欠損金額が生ず
る場合には，その通算法人の所得事業年度の通算対象欠損金額
は，その所得事業年度の損金の額に算入というものである。す
なわち，通算グループ内の欠損法人の欠損金額の合計額が，所
得法人の所得の金額の比で配分され，その配分された通算対象
欠損金額が所得法人の損金の額に算入されることになる。なお，
通算法人の欠損事業年度においては，他の通算法人の通算前所
得金額を益金の額に算入することとされ，損金算入された金額
の合計額と同額の所得の金額が，欠損法人の欠損金額の比で配
分され，その配分された通算対象所得金額が欠損法人の益金の
額に算入されることになる。

法法64の5①③

　また，グループ通算制度では，欠損金の繰越しにつき一定の
調整を行うこととされており，各通算法人の繰越控除額は，特
定欠損金額であれば各通算法人の損金算入限度額の合計額を各
通算法人の特定欠損金額のうち欠損控除前所得金額に達するま
での金額の比で配分した金額とされ，非特定欠損金額であれば
各通算法人の特定欠損金額の繰越控除後の損金算入限度額の合
計額を各通算法人の非特定欠損金額の比で配分した金額とされ
ている。

法法64の7

　グループ通算制度での税率は，各通算法人の区分に応じた税
率が適用され，原則として，普通法人である通算法人は23.2％，
協同組合等である通算法人は19％の税率が適用される。また，
中小通算法人等の所得金額のうち軽減対象所得金額以下の金額
は15％の税率が適用される。ここで，中小通算法人等とは，中
小通算法人又は通算親法人である協同組合等をいい，中小通算
法人とは，大通算法人（資本金の額又は出資金の額が1億円を超
える法人その他一定の法人）以外の普通法人である通算法人とさ

法法66

れる。そして，軽減対象所得金額とは，次の算式により計算した金額をいう。

$$800万円 \times \frac{その中小通算法人等の所得の金額}{各中小通算法人等の所得の金額の合計額}$$

Reference　グループ通算制度（連結納税制度の改正）

　自由民主党・公明党「令和2年度税制改正大綱」では，連結納税制度の見直しについて，「連結納税制度は，企業の組織再編成を促進し，わが国の企業の国際競争力の維持強化と経済の構造改革に資することになるとの考えに基づき，平成14年度に導入されて以降，18年が経過した。その間，本制度は企業グループの一体的経営を進展させ，競争力を強化する中で有効に活用されてきた。一方，親法人への情報等の集約化の程度は様々である，本制度の下での税額計算が煩雑である，税務調査後の修正・更正等に時間がかかり過ぎる，といった指摘があり，損益通算のメリットがあるにもかかわらず，本制度を選択していない企業グループも多く存在する。」（4-5頁）とし，連結納税制度を選択しない企業グループが多く存在する理由を示している。

　このような状況を踏まえ，連結納税制度を抜本的に見直し，グループ通算制度に移行することとした。グループ通算制度では，「企業グループ全体を一つの納税単位とする現行制度に代えて，企業グループ内の各法人を納税単位として，各法人が個別に法人税額の計算及び申告を行いつつ，損益通算等の調整を行う簡素な仕組みとすることなどにより事務負担の軽減を図る。また，開始・加入時の時価評価課税・欠損金の持込み等について組織再編税制と整合性が取れた制度とすることで，時価評価課税や繰越欠損金切り捨ての対象を縮小する。」（5頁）としている。

⑵　グループ法人単体課税制度

　グループ法人単体課税制度は，完全支配関係にある法人間の取引において適用される。完全支配関係の法人間という点ではグループ通算制度と同様であるが，グループ通算制度と異なり外国法人も適用範囲に含まれる。また，グループ法人税制は，グループ通算制度と異なり完全支配関係がある場合，強制的に適用される制度となっている。

　グループ法人単体課税制度では，グループ通算制度のような所得の通算は行わず，また，各法人が納税義務を負うものとなっている。このため，グループ法人単体課税は，通常の法人税と同様の取扱いを前提とする。ただし，グループ法人は完全支配関係にある1つのグループと考えられるので，グループ法人間の取引についてその資産がグループ外部に移転等されるまで課税を繰り延べる等の取扱いが求められる。

　グループ法人単体課税制度では，譲渡損益調整資産をグループ法人間で譲渡した場合は，その譲渡利益又は譲渡損失に相当する金額は，損金の額又は益金の額に算入され，課税が繰り延べられる。この取扱いは，グループ通算制度と同様であり，課税の中立性からの要請である。繰り延べられた譲渡利益又は譲渡損失は，譲受法人により譲渡，償却，評価換え，貸倒れ，除却等された場合に，譲渡法人において益金の額又は損金の額に算入される。 法法61の11①②

　なお，譲渡損益調整資産とは，固定資産，土地，有価証券（売買目的有価証券を除く），金銭債権及び繰延資産で，譲渡直前の帳簿価額が1,000万円以上のものをいう。なお，固定資産とは別に土地が列挙されており，固定資産ではない土地，例えば不動産業者が販売用に所有する土地（棚卸資産）も含まれる。 法令122の12①

　また，グループ通算制度と同様に，グループ法人間での寄附金や受贈益は損金不算入・益金不算入とされている。これはグループ法人内の内部取引と考え，課税を生じさせないようにするためである。さらに，グループ法人間の受取配当等も負債利子を控除せずその全額が益金不算入とされている。 法法132，37②，25の2

法法23①

3　国際課税

　国際的な取引等に対応するため，法人税法では，移転価格税制，過少資本税制，過大支払利子税制，外国関係会社合算税制

（タックスヘイブン対策税制）が設けられている。また，国際的な二重課税の排除のため，外国税額控除制度や外国子会社配当益金不算入制度が設けられている。さらに，国際的な取引で生じる外貨建ての取引や外貨建資産等の換算方法についても規定されている。

　ここでは，移転価格税制，過少資本税制，過大支払利子税制，外国関係会社合算税制（タックスヘイブン対策税制）について，概略のみ整理する（なお，外国子会社配当益金不算入制度は第8章の受取配当等の益金不算入を参照）。

(1) 移転価格税制

措法66の4①④

　移転価格税制とは，国外関連者（発行済株式等の50%以上を直接又は間接に保有する又はされる外国法人）との間で資産の販売等（**国外関連取引**）をした場合に，国外関連者から支払を受ける対価の額が独立企業間価格に満たないとき又はその法人がその国外関連者に支払う対価の額が独立企業間価格を超えるときは，その国外関連取引は独立企業間価格で行われたものとみなされ，国外関連取引の対価の額と独立企業間価格との差額（寄附金の額に該当するものを除く）は，損金の額に算入しないとするものである。なお，国外関連者に対する寄附金の額は，全額損金不算入とされている。

措法66の4②

　ここで，**独立企業間価格**は，通常の取引条件における価格（arm's length price）である。移転価格税制は，独立企業間価格と異なる取引価格を用いることで我が国の税収が不当に流出することを防止するためのものである。

(2) 過少資本税制

措法66の5①

　過少資本税制とは，国外支配株主等又は資金供与者等に負債の利子等を支払う場合に，その国外支配株主等及び資金供与者等に対する負債に係る平均負債残高が国外支配株主等の資本持

分の３倍に相当する金額を超えるときは，その負債の利子等の
額のうち，その超える部分に対応するものとして計算した金額
は，損金の額に算入しないとするものである。

　ただし，その事業年度の総負債（負債の利子等の支払の基因と
なるものに限る）に係る平均負債残高が自己資本の額の３倍に
相当する金額以下となる場合は，過少資本税制の適用はない。

　ここで，**国外支配株主等**とは，内国法人の発行済株式等の
50％以上を保有する非居住者又は外国法人で，資金供与者等と
は国外支配株主等が債務の保証等を行う等して第三者が子会社
に資金の供与をした場合のその第三者のことであり，実質的に
国外支配株主等が資金の供与をしたと考えられる場合を規定し
ている。

措法66の５⑤一，二

　過少資本税制は，外国親会社からの資金提供に関し，これを
出資とし配当で支払う場合は損金に算入されないのに対し，借
入金とし利子を支払う場合には損金に算入されることを利用し，
我が国の課税が不当に軽減することを防止しうるためのもので
ある。

⑶　過大支払利子税制

　過少資本税制は負債資本比率が３倍以下であれば適用がない
ことを利用し，借入れと同時に資本も増やすことで課税を回避
することが可能になる。このため，過少資本税制を補完する目
的で過大支払利子税制が導入されている。

　過大支払利子税制は，対象支払利子等合計額が控除対象受取
利子等合計額を超えるときは，その超える部分の金額（対象支
払利子等の額）のうち当期の調整所得金額の20％を超える部分
の金額は損金の額に算入しないというものである。ただし，当
期の対象純支払利子等の額が2,000万円以下である場合等には，
過大支払利子税制は適用されない。

措法66の５の２，措法66の５の３

　また，当期開始の日前７年以内に開始した事業年度において

超過利子額（損金不算入の繰越額）がある場合には，その超過利子額に相当する金額は，当期の調整所得金額20％に相当する金額から対象純支払利子等の額を控除した残額を限度として損金の額に算入される。

⑷　外国関係会社合算税制（タックスヘイブン対策税制）

措法66の6①

外国関係会社合算税制（タックスヘイブン対策税制）とは，内国法人の外国関係会社のうち特定外国関係会社又は対象外国関係会社が適用対象金額を有する場合には，その適用対象金額のうち課税対象金額又は部分課税対象金額は，その内国法人の収益の額とみなしてその各事業年度終了の日の翌日から2月を経過する日を含む各事業年度の益金の額に算入するという制度である。

外国関係会社合算税制は，タックスヘイブン国といわれる低課税国に子会社等を設立することにより，税負担を不当に軽減することの防止を目的として昭和53年度に導入された制度である。その後，平成29年度において抜本的な改正が行われ，外国関係会社を利用した租税回避を抑制するための制度として，実効性が期待できる制度に整備された。

具体的には，租税回避リスクを改正前の外国関係会社の租税負担割合により把握する制度から，所得や事業の内容によって把握する制度に改められる等の手当てが行われている。

Training

補-1 ◆文章問題

次の各文章の空欄に適切な語句を記入しなさい。

1. ［　ア　］とは，合併によりその有する資産及び負債の移転を行った法人をいう。（2級111回1-2）

2. 合併法人とは，［　イ　］により被合併法人から［　ウ　］の移転を受けた法人をいう。（2級103回1-1，95回1-5）

3. ［　エ　］とは，分割によりその有する資産又は負債の移転を行った法人をいう。（2級107回1-2）

4. 分割承継法人とは，［　オ　］により分割法人から［　カ　］の移転を受けた法人をいう。

（解答欄）

ア		イ		ウ		エ	
オ		カ					

（考えてみよう）

(1) グループ法人単体課税とグループ通算制度の差異について考察しなさい。

(2) 法人税法における国際課税のために設けられている制度を整理し，それぞれの制度の意義を考察しなさい。

Column 9　税理士試験の受験資格の改正

　令和4年度の税理士法改正により，令和5年度の税理士試験（第73回）から受験資格が次のように変更されることになった（国税庁「税理士試験の受験資格の見直しについて（令和4年4月1日）」）。

> ①　会計学に属する試験科目（簿記論・財務諸表論）の受験資格が不要となり，誰でも受験が可能となる。
> ②　税法に属する試験科目（法人税法等）の受験資格のうち，学識による受験資格が拡充される。ここでは，従来（令和4年度税理士試験以前）は，「法律学又は経済学に属する科目」としていたものを，「社会科学に属する科目」に変更している。「社会科学」については「法律学又は経済学に属する科目」に該当していた科目のほか，社会学，政治学，行政学，政策学，ビジネス学，コミュニケーション学，教育学，福祉学，心理学，統計学等の科目が該当するとされている。

　この改正の大きなポイントは，会計学に属する科目（簿記論・財務諸表論）の受験資格を廃止し，誰でも受験ができるようにするというものであろう。税理士試験は，会計学に属する科目（2科目）と税法に属する科目（3科目）の5科目の合格が必要であり，今回の改正は，税法に属する科目（法人税法等）の受験資格が廃止されるわけではなく，あくまでも会計学に属する科目に関する受験資格の廃止であるという点に特徴がある。

　これまで税理士試験を受験するためには，学識（一定の条件を満たす大学3年次以上等），資格（日本商工会議所簿記検定1級又は全国経理教育協会簿記能力検定上級），職歴（一定の業務を2年以上）のいずれかを満たす必要があったが，これからは会計学に属する科目はこのような条件なしに受験できるとする改正である。例えば，大学生であれば，3年生になるのを待って税理士試験を受験していたものが，これからは1年生から受験できるようになる。もっといえば，大学生になる前（高校生）でも受験することができる。やる気のある若者には，チャレンジしやすい環境になったといえるだろう。

　また，②の学識による受験資格（一定の条件を満たす大学3年次以上等）の条件も緩和し，社会科学に属する科目に変更した。これは，税理士業務の多様化に対し，幅広い能力を有する人材を期待するための改正といわれている。これにより税法に属する科目の受験資格の門戸も広がったことになる。

さらに学習する人へ

本書は，初学者にも計算及び理論ともに理解可能なテキストをコンセプトとしており，本書を通じて学習した知識等は検定等でも活かしてほしい。本書では，少なくとも全国経理教育協会法人税法能力検定2級までの範囲については概ね網羅してある。また，章末のTrainingは，2級までの過去問を用いた問題としてあるので，これらの問題を練習して試験対策としてほしい。

また，本書では，Advance等で1級や税理士試験の内容も含めて解説している。本書の学習を通じて，まずは法人税法能力検定2級に受験・合格してもらいたいが，さらに1級や税理士試験法人税法へとチャレンジしてほしい。

なお，公認会計士試験の論文式試験では租税法が出題され，この中に法人税法が含まれている。公認会計士試験については，法人税法の学習だけで対応はできるものではないが，会計や監査の学習と合わせて学習できる環境にいる人はがんばってもらいたい。

◆参考資料

さらに学習しようとする人や各章に設けた「考えてみよう」に取り組む人は，次のテキスト等（最新版）も参照してもらいたい。

金子宏『租税法』（弘文堂）

坂本雅士編著『現代税務会計論』（中央経済社）

末永英男編著『法人税法会計論』（中央経済社）

全国経理教育協会編『演習法人税法』（清文社）

成道秀雄『税務会計』（第一法規）

山本守之『体系法人税法』（税務経理協会）

渡辺徹也『スタンダード法人税法』（弘文堂）

渡辺淑夫『法人税法の要点整理』（中央経済社）

◆全国経理教育協会法人税法能力検定の過去問題集

　全国経理教育協会では，各級の過去問題集を販売している。これらは，全国経理教育協会のHPから購入できるので，試験前に入手し，過去問対策をしてほしい。

◆受験情報

　令和6年度の法人税法能力検定，税理士試験の情報は次のとおりである。それ以降の情報は，全国経理教育協会又は国税庁のHPを通じて各自確認してもらいたい。

		申込期間	試験日	備考
全国経理教育協会法人税法能力検定	第115回 （1級のみ）	令和6年4月1日（月）～ 令和6年4月22日（月）	令和6年5月19日（日）	インターネットによる申込可能
	第116回 （全級）	令和6年9月2日（月）～ 令和6年9月30日（月）	令和6年10月27日（日）	
	第117回 （1級を除く）	令和6年12月9日（月）～ 令和7年1月6日（月）	令和7年2月2日（日）	
税理士試験 （第74回）		令和6年4月22日（月）～ 令和6年5月10日（金）	令和6年8月6日(火) ～8日（木）	

全国経理教育協会HP　http://www.zenkei.or.jp/
国税庁HP　https://www.nta.go.jp/

　なお，法人税法能力検定は，税理士試験までのトレーニングとしても有用である。法人税法能力検定1級では，やや詳細な規定も出題されるが，これらの知識は税理士試験においても役立つものである。第111回から第113回の法人税法能力検定の合格率は次のとおりである。

第111回（令和5年2月5日施行）※1級を除く

	1級	2級	3級	合計
受験申込者（人）	－	727	681	1,408
実受験者（人）	－	554	606	1,160
合格者（人）	－	291	481	772
合格率（%）	－	52.53	79.37	－

第112回（令和5年5月21日施行）※1級のみ

	1級	2級	3級	合計
受験申込者（人）	223	–	–	223
実受験者（人）	113	–	–	113
合格者（人）	34	–	–	34
合格率（%）	30.09	–	–	–

第113回（令和5年10月29日施行）

	1級	2級	3級	合計
受験申込者（人）	277	857	566	1,700
実受験者（人）	156	639	488	1,283
合格者（人）	50	228	448	726
合格率（%）	32.05	35.68	91.80	56.59

（出典）全国経理教育協会HP，http://www.zenkei.or.jp/

　税理士試験法人税法の合格率等は次のようになっている。さすがに国家試験であり，10%台の合格率で難易度も高くなっている。

	令和5年度 （第73回） 受験者数	令和5年度 （第73回） 合格者数	令和5年度 （第73回） 合格率	令和4年度 （第72回） 合格率
法人税法	3,550	497	14.0%	12.3%

（出典）国税庁HP，https://www.nta.go.jp/

　法人税法能力検定の各級の出題範囲は全国経理教育協会のHPに記載されているので参照していただきたい。なお，税理士試験法人税法では，出題範囲について「当該科目に係る法令に関する事項のほか，租税特別措置法，国税通則法など当該科目に関連する他の法令に定める関係事項を含む」（第73回税理士試験受験案内より）とされ，法人税法に関する全般的な知識が問われている。

Training 解答・解説

第1章

1-1

ア．本店　イ．外国法人　ウ．財団　エ．管理人　オ．収益事業　カ．収益事業　キ．定時総会　ク．延長　ケ．開始　コ．税務署長　サ．設立　シ．終了の日　ス．書面　セ．終了の日　ソ．6月　タ．帳簿書類　チ．複式簿記　ツ．決算　テ．2月　ト．税務署長　ナ．2月　ニ．確定申告書　ヌ．6月　ネ．10万円　ノ．収益事業　ハ．公共法人

第2章

2-1

ア．課税標準　イ．所得の金額　ウ．益金　エ．損金　オ．資本金等　カ．剰余金の分配　キ．法人税　ク．提出期限　ケ．所得税額　コ．還付

2-2

別表四

区　　　　　　　分		金　　　額
	当　　期　　利　　益	15,000,000 円
加算	損金経理をした中間納付の法人税	800,000
	損金経理をした中間納付の住民税	100,000
	交際費等の損金不算入額	72,800
	小　　　　　計	972,800
減算	受取配当等の益金不算入額	120,000
	小　　　　　計	120,000
	仮　　　　　　計	15,852,800
	法人税額から控除される所得税額	80,000
	合　計　・　差　引　計　・　総　計	15,932,800
	所　　得　　金　　額	15,932,800

別表一

	金　額	備　　考
所得金額	15,932,000 円	千円未満切捨て
法人税額	3,040,224	(1) 年800万円以下の所得金額に対する税額 $8,000,000円 \times \frac{12月}{12} \times 15\% = 1,200,000円$ (2) 年800万円を超える所得金額に対する税額 $(15,932,000円 - 8,000,000円 \times \frac{12月}{12}) \times 23.2\%$ $= 1,840,224円$ (3) 税額計 (1) ＋ (2) ＝3,040,224円

法人税額計	3,040,224	
控除税額	80,000	
差引所得に対する法人税額	2,960,200	百円未満切捨て
中間申告分の法人税額	800,000	
差引確定法人税額	2,160,200	

（解説）

　法人税法の計算では，別表の作成が基本となる。各自，よく確認すること。

第3章

3-1

ア．決算　イ．費用又は損失　ウ．益金の額　エ．資本等取引　オ．収益の額　カ．収益
キ．公正妥当　ク．引渡し　ケ．提供　コ．株主総会　サ．総社員

第4章

4-1

ア．機密費　イ．慰安

4-2

別表四

区　　　　　　　分		金　　　額
当　　　期　　　利　　　益		30,000,000 円
加算	交際費等の損金不算入額	1,912,000
	小　　　　計	1,912,000
減算	交際費等認定損	120,000
	仮払交際費等認定損	300,000
	小　　　　計	420,000
仮　　　　　　　計		31,492,000
合　計・差　引　計・総　計		31,492,000
所　　　得　　　金　　　額		31,492,000

所得金額の計算過程

交際費等	(1)　支出交際費等の額
	①　接待飲食費
	6,575,000円 − 625,000円 + 120,000円 = 6,070,000円
	②　その他
	926,000円 + 570,000円 + 880,000円 +（1,266,000円 − 100,000円）+ 300,000円 =
	3,842,000円

③ 合 計

① ＋ ② ＝9,912,000円

(2) 定額控除限度額

$8,000,000円 \times \dfrac{12月}{12} = 8,000,000円 ＜ 9,912,000円$

∴ 8,000,000円

(3) 損金算入限度額

$6,070,000円 \times 50\% = 3,035,000円 ＜ 8,000,000円$

∴ 8,000,000円

(4) 損金不算入額

(1) － (3) ＝1,912,000円

(解説)

得意先等に対して配布した少額の甲社名入りの手帳の作成費用は，交際費に含まれない。

キャンセル料は，接待・供応に直接要したものでないため，交際費等には該当しない。

接待した飲食費は，接待した年度の交際費等に該当するため，未払交際費等認定損として減算調整する。

ゴルフに招待した費用は，招待した年度の交際費等に該当するが，当期末において仮払計上しているため，仮払交際費等認定損として減算調整する。

第5章

5-1

ア. 金銭 イ. 経済的な利益

5-2

別表四

区　　　　　　分		金　　額
当　期　利　益		53,758,950 円
加算		0
	小　　計	0
減算	前期未払寄附金認容	150,000
	小　　計	150,000
仮　　計		53,608,950
寄附金の損金不算入額		668,416
合　計・差　引　計・総　計		54,277,366
所　得　金　額		54,277,366

所得金額の計算過程

寄附金	(1) 支出寄附金の額
	① 指定寄附金等　　　　　　　　　　　　　　　　200,000円
	② 特定公益増進法人等に対する寄附金　　　　　2,000,000円
	③ その他の寄附金　　　　750,000円 + 150,000円 = 900,000円
	④ 合　計
	① ＋ ② ＋ ③ ＝ 3,100,000円
	(2) 寄附金支出前所得金額
	53,608,950円 + 3,100,000円 = 56,708,950円
	(3) 損金算入限度額
	① 資本基準額
	$(30,000,000円 + 12,000,000円) \times \dfrac{12月}{12} \times \dfrac{2.5}{1,000} = 105,000円$
	② 所得基準額
	$56,708,950円 \times \dfrac{2.5}{100} = 1,417,723円$
	③ 損金算入限度額
	$(105,000円 + 1,417,723円) \times \dfrac{1}{4} = 380,680円$
	(4) 特別損金算入限度額
	① 資本基準額
	$(30,000,000円 + 12,000,000円) \times \dfrac{12月}{12} \times \dfrac{3.75}{1,000} = 157,500円$
	② 所得基準額
	$56,708,950円 \times \dfrac{6.25}{100} = 3,544,309円$
	③ 特別損金算入限度額
	$(157,500円 + 3,544,309円) \times \dfrac{1}{2} = 1,850,904円$
	(5) 損金不算入額
	3,100,000円 − 200,000円 − 1,850,904円（注） − 380,680円 = 668,416円
	（注） 2,000,000円 ＞ 1,850,904円 ∴ 1,850,904円

（解説）

　前期に未払処理した寄附金は，当期に精算されているため，当期の支出寄附金の額として取り扱う。また，別表四で仮計まで計算して(2)の53,608,950円を求める。

第6章

6-1

ア．3人　イ．100分の50　ウ．社員　エ．執行役　オ．経営　カ．部長　キ．職務　ク．定期同額給与　ケ．しない　コ．1月　サ．同額　シ．事前確定届出給与　ス．定期同額　セ．所轄税務署長

6-2

別表四

区　　　　　　分		金　　額
当　　期　　利　　益		90,000,000 円
加算	役員給与の損金不算入額	15,000,000
	小　　　　　計	15,000,000
減算		0
	小　　　　　計	0
仮　　　　　　計		105,000,000
合　計　・　差　引　計　・　総　計		105,000,000
所　　得　　金　　額		105,000,000

所得金額の計算過程

同族会社の判定	(1) 上位3株主グループの株数 　第1グループ（A野一郎＋A野　勝）：600株＋100株　＝　700株 　第2グループ（B杉謙信）：　　　　　　　　　＝　180株 　第3グループ（C田信玄）：　　　　　　　　　＝　120株 　　合　　計　　　　　　　　　　　　　　　　1,000株 (2) 同族会社の判定 　$\dfrac{1,000株}{1,000株}=100\%\ >\ 50\%$　　∴　同族会社に該当する。

役員給与	(1) 役員の判定

氏　　名	50%超基準	10%超基準	5%超基準	役員の判定
A野　勝	○	○	○	みなし役員

(2) 役員給与の損金不算入額
5,000,000円＋10,000,000円＝15,000,000円

別表一

	金　　額	備　　考
所得金額	105,000,000 円	千円未満切捨て
法人税額	24,360,000	
課税留保金額	55,000,000	千円未満切捨て
同上に対する税額	6,750,000	
法人税額計	31,110,000	
控除税額	0	
差引所得に対する法人税額	31,110,000	百円未満切捨て
中間申告分の法人税額	0	
差引確定法人税額	31,110,000	

法人税額の計算過程

法人税額	105,000,000円×23.2%＝24,360,000円
課税留保金額に対する税額	(1) 留保金課税の判定 　第1グループ：600株＋100株＝700株 　$\dfrac{700株}{1,000株}=70\%　>　50\%$ 　　　　　　　∴特定同族会社に該当するため，留保金課税の適用あり (2) 課税留保金額 　75,000,000円－20,000,000円＝55,000,000円（千円未満切捨て） (3) 特別税額 　① 年3,000万円以下相当額 　　$30,000,000円×\dfrac{12月}{12}×10\%=3,000,000円$ 　② 年3,000万円超1億円以下相当額 　　$55,000,000円－30,000,000円×\dfrac{12月}{12}=25,000,000円$ 　　25,000,000円×15%＝3,750,000円 　③ ①　＋　② ＝6,750,000円

（解説）

　A野勝は，みなし役員に該当するため，臨時的な給与（賞与）は定期同額給与に該当しないため，事前確定給与の指示がなければ損金不算入となる。

6-3

別表四

区　　　　　　　　　　分		金　　額
当　　期　　利　　益		50,000,000 円
加算	役員給与の損金不算入額	2,600,000
	小　　　　計	2,600,000
減算		0
	小　　　　計	0
仮　　　　　　　計		52,600,000
合　計・差　引　計・総　計		52,600,000
所　　得　　金　　額		52,600,000

所得金額の計算過程

役員給与	(1) 損金不算入額 　39,600,000円－37,000,000円＝2,600,000円

（解説）

　株主総会等の決議により定めた限度額を超える部分の金額は損金の額に算入しない。

第7章

7-1

ア．法人税　イ．地方法人税

7-2

別表四

区　　　　分		金　　額
当　　期　　利　　益		32,956,000 円
加算	損金経理をした納税充当金	16,000,000
	損金経理をした法人税	5,230,000
	損金経理をした住民税	1,510,000
	損金経理をした附帯税，加算金，延滞金及び過怠税	35,000
	小　　　　計	22,775,000
減算	納税充当金から支出した事業税等の金額	5,000,000
	小　　　　計	5,000,000
仮　　　　計		50,731,000
合　計　・　差　引　計　・　総　計		50,731,000
所　　得　　金　　額		50,731,000

（解説）

　租税公課等の税務調整項目は，数が多くなる傾向にあるので，転記ミス等にも注意すること。

第8章

8-1

ア．配当等　イ．非支配目的株式等　ウ．所得税の額　エ．法人税の額

8-2

別表四

区　　　　分		金　　額
当　　期　　利　　益		20,000,000 円
加算		0
	小　　　　計	0
減算	受取配当等の益金不算入額	492,000
	小　　　　計	492,000
仮　　　　計		18,520,000
法人税額から控除される所得税額		316,500
合　計　・　差　引　計　・　総　計		19,824,500
所　　得　　金　　額		19,824,500

所得金額の計算過程

受取配当等	(1) 受取配当等の額
	① 関連法人株式等
	200,000円
	② 非支配目的株式等
	1,500,000円
	(2) 控除負債利子
	200,000円 × 4% = 8,000円 ＜ 100,000円 ∴ 8,000円
	(3) 益金不算入額
	$(200,000円 - 8,000円) + 1,500,000円 \times \frac{20}{100} = 492,000円$
法人税額から控除される所得税額	(1) 株式・出資（A株式）
	① 個別法
	$300,000円 \times \frac{40,000株}{50,000株（注）} \times \frac{12月}{12月} (1.000)$ （小数点以下3位未満切上げ）
	$+ 300,000円 \times \frac{10,000株}{50,000株（注）} \times \frac{5月}{12月} (0.417)$ （小数点以下3位未満切上げ）
	= 265,020円
	（注）40,000株 + 10,000株 = 50,000株
	② 簡便法
	$300,000円 \times \frac{40,000株 + (50,000株 - 40,000株) \times \frac{1}{2}}{50,000株} (0.900)$ （小数点以下3位未満切上げ）
	= 270,000円
	③ 265,020円 ＜ 270,000円 ∴ 270,000円
	(2) その他
	45,000円 + 1,500円 = 46,500円
	(3) 合 計
	(1) ＋ (2) = 316,500円

別表一

	金　　額	備　　考
所得金額	19,824,000 円	千円未満切捨て
法人税額	3,943,168	
法人税額計	3,943,168	
控除税額	316,500	
差引所得に対する法人税額	3,626,600	百円未満切捨て
中間申告分の法人税額	0	
差引確定法人税額	3,626,600	

法人税額の計算過程

税率適用区分	(1)　年800万円以下
	$8{,}000{,}000円 \times \dfrac{12月}{12} \times 15\% = 1{,}200{,}000円$
	(2)　年800万円超
	$19{,}824{,}000円 - 8{,}000{,}000円 \times \dfrac{12月}{12} = 11{,}824{,}000円$
	$11{,}824{,}000円 \times 23.2\% = 2{,}743{,}168円$
	(3)　合　計
	(1)　＋　(2)　＝ 3{,}943{,}168円

(解説)

負債利子を控除できる株式等や，益金不算入額の割合を確認すること。

第9章

9-1

ア．時価評価金額　イ．売買目的外有価証券　ウ．短期的　エ．利益

9-2

別表四

区　　　　　分		金　　額
	当　　期　　利　　益	60,000,000 円
加算	A社株式計上もれ	90,000
	B社株式計上もれ	3,000,000
	小　　　　　計	3,090,000
減算		0
	小　　　　　計	0
	仮　　　　　　　　計	63,090,000
	合　計　・　差　引　計　・　総　計	63,090,000
	所　　得　　金　　額	63,090,000

所得金額の計算過程

A社株式	(1)　A社株式の税務上の帳簿価額
	①　7月11日取得時点の単価
	$\dfrac{2{,}000株 \times @510円 + 10{,}000株 \times @540円}{2{,}000株 + 10{,}000株} = @535円$
	②　12月8日取得時点の単価
	$\dfrac{6{,}000株 \times @535円 + 3{,}000株 \times @610円}{6{,}000株 + 3{,}000株} = @560円$
	③　期末の税務上の帳簿価額
	$9{,}000株 \times @560円 = 5{,}040{,}000円$

	(2) A社株式の会社計上の帳簿価額 4,950,000円 (3) A社株式計上もれ (1) － (2) ＝90,000円
B社株式	(1) B社株式の税務上の帳簿価額 8,000,000円 (2) B社株式の会社計上の帳簿価額 5,000,000円 (3) B社株式計上もれ (1) － (2) ＝3,000,000円

(解説)

　有価証券の評価方法の選定をしていないため，A社株式は法定算出方法（移動平均法）で計算する。有利発行を受けたB社株式の取得価額は，払込期日における価額（時価）となり，帳簿価額との差額（受贈益）をB社株式計上もれ（加算調整）とする必要がある。

第10章

10-1

ア．半製品　イ．棚卸し　ウ．代価　エ．販売　オ．設立　カ．提出期限　キ．税務署長
ク．評価の方法　ケ．事業年度

10-2

別表四

区　　　　　　分		金　　額
当　　期　　利　　益		50,000,000 円
加算	商品計上もれ	2,000,000
	小　　計	2,000,000
減算	前期商品計上もれ	1,000,000
	小　　計	1,000,000
仮　　計		51,000,000
合　計・差　引　計・総　計		51,000,000
所　　得　　金　　額		51,000,000

所得金額の計算過程

商　　品	(1) 商品の税務上の期末帳簿価額 　　10,000個×@1,200円＝12,000,000円 (2) 商品の会社計上の期末帳簿価額 　　10,000,000円 (3) 商品計上もれ 　　(1) － (2) ＝2,000,000円

（解説）

　商品の評価方法の選定を届け出ていないため，法定評価方法（最終仕入原価法による原価法）で計算する。

第11章

11-1

ア．船舶　イ．償却　ウ．確定申告書　エ．償却　オ．開始　カ．承認　キ．生産高比例法

11-2

別表四

区　　　　　　分	金　　額
当　　期　　利　　益	40,000,000 円
加算　倉庫用建物減価償却超過額	110,000
倉庫用建物（改装）減価償却超過額	11,811,000
車両減価償却超過額	8,400
小　　　　計	11,929,400
減算	
小　　　　計	0
仮　　　　計	51,929,400
合　計　・　差　引　計　・　総　計	51,929,400
所　　得　　金　　額	51,929,400

所得金額の計算過程

減価償却	(1) 倉庫用建物 　① 償却限度額 　　70,000,000円×0.027＝1,890,000円 　② 償却超過額 　　2,000,000円－1,890,000円＝110,000円 (2) 倉庫用建物（改装） 　① 判　定 　　この大規模修繕は資本的支出に該当（する・しない） 　② 償却限度額 　　$12,000,000円×0.027×\frac{7月}{12月}＝189,000円$ 　③ 償却超過額 　　12,000,000円－189,000円＝11,811,000円 (3) 車　両 　① 償却限度額 　　ⅰ 調整前償却額 　　　（300,000円＋243,200円＋40,000円）×0.400＝233,280円

ii　償却保証額

3,000,000円 × 0.10800 = 324,000円

iii　判　定

i　＜　ii　　　　　　　　∴　改定償却額により計算（する・しない）

iv　改定償却額

（300,000円 + 243,200円 + 40,000円）× 0.500 = 291,600円

② 償却超過額

300,000円 − 291,600円 = 8,400円

（解説）

　定率法の計算では前期以前に発生した繰越償却超過額がある場合には，その超過額を償却限度額の計算上含めて計算する。

第12章

12-1

ア．交付の目的　イ．圧縮記帳

12-2

別表四

区　　　　　分		金　　額
当　　期　　利　　益		30,000,000 円
加算	建物減価償却超過額	1,950,000
	小　　　　　計	1,950,000
減算		0
	小　　　　　計	0
仮　　　　　　　計		31,950,000
合　計　・　差　引　計　・　総　計		31,950,000
所　　得　　金　　額		31,950,000

所得金額の計算過程

国庫補助金	(1) 圧縮限度額 　10,000,000円 ＜ 35,000,000円　∴ 10,000,000円 (2) 圧縮超過額 　12,000,000円 − 10,000,000円 = 2,000,000円 (3) 償却限度額 　（35,000,000円 − 10,000,000円）× 0.050 × $\frac{6月}{12月}$ = 625,000円 (4) 償却超過額 　（575,000円 + 2,000,000円）− 625,000円 = 1,950,000円

12-3

別表四

区　　　　　　分		金　　　額
当　　期　　利　　益		30,000,000 円
加算	事務所用建物Ｃ減価償却超過額	807,550
	小　　　　　計	807,550
減算		
	小　　　　　計	0
仮　　　　　　　　　計		30,807,550
合　計　・　差　引　計　・　総　計		30,807,550
所　　得　　金　　額		30,807,550

所得金額の計算過程

保険差益	(1) 減失等により支出した経費の額
	$(560,000円 + 1,600,000円) \times \dfrac{27,000,000円}{27,000,000円 + 3,000,000円} = 1,944,000円$
	(2) 改訂保険金等の額
	$27,000,000円 - 1,944,000円 = 25,056,000円$
	(3) 保険差益の額
	$25,056,000円 - 23,106,000円 = 1,950,000円$
	(4) 圧縮限度額
	$1,950,000円 \times \dfrac{25,056,000円（注）}{25,056,000円} = 1,950,000円$
	（注）$40,000,000円 ＞ 25,056,000円 ∴ 25,056,000円$
	(5) 圧縮超過額
	$2,800,000円 - 1,950,000円 = 850,000円$
	(6) 償却限度額
	$(40,000,000円 - 1,950,000円) \times 0.027 \times \dfrac{4月}{12月} = 342,450円$
	(7) 償却超過額
	$(300,000円 + 850,000円) - 342,450円 = 807,550円$

12-4

別表四

区　　　　　　分		金　　　額
当　　期　　利　　益		30,000,000 円
加算	土地圧縮超過額	2,960,000
	小　　　　　計	2,960,000
減算		0
	小　　　　　計	0
仮　　　　　　　　　計		32,960,000

合　計　・　差　引　計　・　総　計	32,960,000
所　　得　　金　　額	32,960,000

所得金額の計算過程

交換差益	(1)　圧縮限度額 　　68,000,000円 － （52,020,000円 ＋ 2,700,000円） × $\dfrac{68,000,000円}{68,000,000円 + 8,000,000円}$ 　　　＝ 19,040,000円 (2)　圧縮超過額 　　22,000,000円 － 19,040,000円 ＝ 2,960,000円

（解説）

　圧縮記帳は頻出項目であるため，国庫補助金等，保険差益，交換差益のそれぞれの計算をよく確認すること。

第13章

13-1

ア．費用　イ．1年

13-2

別表四

区　　　　　分		金　　額
当　　期　　利　　益		20,000,000 円
加算	繰延資産償却超過額	810,000
	小　　計	810,000
減算		0
	小　　計	0
仮　　計		20,810,000
合　計　・　差　引　計　・　総　計		20,810,000
所　　得　　金　　額		20,810,000

所得金額の計算過程

繰延資産	(1)　償却期間の判定 　　5年　＜　15年　　　　∴　5年 (2)　償却限度額 　　900,000円 × $\dfrac{6月}{5年 \times 12月}$ ＝ 90,000円 (3)　償却超過額 　　900,000円 － 90,000円 ＝ 810,000円

（解説）

　支出の及ぶ期間にわたり月数按分する。

第14章

14-1

ア．個別評価金銭債権　イ．損金経理　ウ．一括評価金銭債権　エ．損金経理

14-2

別表四

区　　　　　　　　　　分	金　　　額
当　　　期　　　利　　　益	30,000,000 円
加算　貸倒引当金繰入超過額	181,630
小　　　　　計	181,630
減算　貸倒損失認定損	3,500,000
貸倒引当金繰入超過額の当期認容額	103,800
小　　　　　計	3,603,800
仮　　　　　　　　計	26,577,830
合　計　・　差　引　計　・　総　計	26,577,830
所　　　得　　　金　　　額	26,577,830

所得金額の計算過程

貸倒引当金	(1)　繰入限度額
	①　期末一括評価金銭債権の額
	(14,500,000円＋5,000,000円－3,500,000円)＋53,600,000円＋26,800,000円
	＋262,000円＝96,662,000円
	②　実質的に債権とみられないものの額
	（イ）原則法
	A．債権の額
	3,200,000円＋27,000円＝3,227,000円
	B．債務の額
	725,000円＋2,100,000円＝2,825,000円
	C．判　定
	A　＞　B　　　　　　∴　2,825,000円
	（ロ）簡便法
	96,662,000円×0.031（小数点以下3位未満切捨て）＝2,996,522円
	（ハ）判　定
	（イ）　＜　（ロ）　　　　∴　2,825,000円
	③　貸倒実績率
	$\dfrac{(840,500円＋822,600円＋859,900円)\times\dfrac{12}{36月}}{(89,900,000円＋92,650,000円＋78,250,000円)\div 3年}=0.0097$ （小数点以下4位未満切上げ）

④　法定繰入率

0.010

⑤　繰入限度額

（イ）貸倒実績率による繰入限度額

96,662,000円 × 0.0097 = 937,621円

（ロ）法定繰入率による繰入限度額

（96,662,000円 − 2,825,000円）× 0.010 = 938,370円

（ハ）判　定

（イ）＜（ロ）　　　　　　　　∴　938,370円

(2)　繰入超過額

1,120,000円 − 938,370円 = 181,630円

（解説）

端数処理や実質的に債権とみられないものの額の減算の要否等に注意すること。

第15章

15-1

ア．評価換え　イ．損金　ウ．評価換え　エ．益金　オ．期末時換算法　カ．損金　キ．益金

15-2

別表四

区　　　　　　　分	金　　額
当　期　利　益	80,000,000 円
加算　減損損失否認	20,000,000
受贈益計上もれ	1,000,000
小　　　計	21,000,000
減算	0
小　　　計	0
仮　　　　　計	101,000,000
合　計　・　差　引　計	101,000,000
欠損金又は災害欠損金等の当期控除額	10,000,000
総　　　計	91,000,000
所　得　金　額	91,000,000

所得金額の計算過程

受　贈　益	広告宣伝用資産の経済的利益の額 $1,500,000円 \times \dfrac{2}{3} = 1,000,000円$
欠　損　金	欠損金又は災害欠損金等の当期控除額 10,000,000円 ＜ 101,000,000円　∴　10,000,000円

（解説）
　欠損金の当期控除額は，上記の位置に記入する。

補　章

補-1
ア．被合併法人　イ．合併　ウ．資産及び負債　エ．分割法人　オ．分割　カ．資産及び負債

索　引

【著者紹介】

金子　友裕（かねこ　ともひろ）

明治大学大学院経営学研究科博士後期課程修了　博士（経営学）
明治大学助手，岩手県立大学講師・准教授，東洋大学准教授を経て，東洋大学教授（現職）。大学入試センター試験委員，全国経理教育協会税法検定試験主任者，税理士試験委員等を歴任。

◆主要業績

『課税所得計算の形成と展開』編著，中央経済社，2022年
『インセンティブ報酬の会計と税法』編著，白桃書房，2022年
「総合償却法による減価償却」『税務事例研究』（190），2022年
「記帳水準の現状と向上策」『税研』（227），2023年
「判例評論」『判例時報』（773），2023年
「事業支援－経営の支援と資金の支援の観点からの検討－」『税務会計研究』34，2023年
「消費税額の簿記処理に関する考察」『産業経理』83（3），2023年

法人税法入門講義（第8版）

2016年 7 月 5 日　第 1 版第 1 刷発行	
2017年 4 月10日　第 1 版第 2 刷発行	
2018年 3 月15日　第 2 版第 1 刷発行	
2019年 3 月 1 日　第 3 版第 1 刷発行	
2020年 3 月15日　第 4 版第 1 刷発行	著　者　金　子　友　裕
2021年 3 月15日　第 5 版第 1 刷発行	発行者　山　本　　　継
2022年 3 月15日　第 6 版第 1 刷発行	発行所　㈱中 央 経 済 社
2023年 3 月15日　第 7 版第 1 刷発行	発売元　㈱中央経済グループ
2024年 3 月15日　第 8 版第 1 刷発行	パ ブ リ ッ シ ン グ

〒101-0051　東京都千代田区神田神保町1-35
電話　03（3293）3371（編集代表）
　　　03（3293）3381（営業代表）
https://www.chuokeizai.co.jp
印刷／三英グラフィック・アーツ㈱
製本／㈲井 上 製 本 所

© 2024
Printed in Japan

＊頁の「欠落」や「順序違い」などがありましたらお取り替えいたしますので発売元までご送付ください。（送料小社負担）

ISBN978-4-502-49741-4　C3034